GANZHEITLICH HEILEN

W0058554

Buch

Nach neuesten biophysikalischen Erkenntnissen liegen die elektromagnetischen Strahlungen von Edelsteinen im Bereich der Schwingungen von Körperzellen. Damit ist die Weisheit alter Kulturen auch
durch die moderne Wissenschaft bestätigt: Steine können regulierend und heilend auf den Organismus wirken. Das Buch vermittelt
Einblicke in die vielfältigen Möglichkeiten des Arbeitens mit Edelsteinen. Der Leser lernt die verschiedenen Steine kennen, erhält
einen Einblick in die Bestimmungsmethoden und wird über ihre
wichtigsten Heilwirkungen unterrichtet. Ulrike Thölken beschreibt
die Analogien von Tierkreiszeichen und Chakren zu den Edelsteinen. Eine Einführung in das Wahrsagen mit Edelsteinen sowie die
Herstellung von Edelsteinelixieren runden dieses Kompendium ab.

Autorin

Ulrike Thölken wurde 1967 in Bremen geboren und beschäftigt sich
seit über zehn Jahren mit Tarot, Wahrsagen und Edelsteinkunde.

ULRIKE THÖLKEN

MAGISCHE STEINE

Eigenschaften
und heilende Wirkungen
von Edelsteinen

GANZHEITLICH HEILEN

GOLDMANN

Abbildungen auf den Innenseiten des Umschlags:
vorne: Aquamarin, Foto: Dr. Olaf Medenbach, Witten
hinten: Opal, Foto: Dr. Olaf Medenbach, Witten

Originalausgabe September 2000
© 2000 Wilhelm Goldmann Verlag, München
in der Verlagsgruppe Bertelsmann GmbH
Umschlaggestaltung: Design Team München
Umschlagfoto: Guido Pretzl
Redaktion: Daniela Weise
Satz: Uhl + Massopust, Aalen
Druck: Presse-Druck Augsburg
Verlagsnummer: 14190
WL · Herstellung: Stefan Hansen
Made in Germany
ISBN 3-442-14190-7
www.goldmann-verlag.de

1. Auflage

Inhalt

—◇—

Edel und rein, das sind die Eigenschaften,
nach denen der Mensch von Anbeginn
seiner Existenz gesucht hat –
in den Edelsteinen hat er sie gefunden.

Hedy Brusius

Einleitung

— ◇ —

In der Esoterik geht man vom Prinzip der universellen
Analogie aus. Es besagt, dass alles im Universum (Ma-
krokosmos) seine Entsprechung auf unserem Planeten
(Mikrokosmos) hat. Diese beiden Kosmen befinden sich
in Übereinstimmung und sind aufeinander bezogen. Auch
innerhalb des Mikrokosmos herrscht das Prinzip der Analogie. Die gegenseitigen Beziehungen macht man sich
auch in der Heilkunde zu Nutze. So können Minerale, die
eine ähnliche Form wie ein menschliches Organ haben,
positiv auf dieses Organ wirken. Das gilt auch im psychi-
schen Bereich. Beispielsweise können Minerale von einer
Farbe, die symbolisch für eine bestimmte Eigenschaft
steht, diese auf den Träger übertragen oder sie verstärken.
Edelsteine haben die größte Konzentration von Farb-
schwingungen.

Nach der sympathetischen (nachahmenden) Magie
können Steine wie der Magnetit oder der Bernstein allein
durch ihre materielle Anziehungskraft Einfluss auf den
feinstofflichen Plan der Zellen nehmen.

Es besteht eine Kraft, die den gesamten Kosmos durchdringt und beeinflusst. Von den alten Weisen wurde sie als »universeller Geist« oder »Seele der Welt« bezeichnet. Der deutsche Chemiker und Geologe Karl von Reichenbach erforschte dieses Energieprinzip und gab der Kraft die Bezeichnung »Od«. Bei seinen Untersuchungen wies er nach, dass Steine von gleicher Dichte und Kraft in unterschiedlicher Größe ausstrahlen und dass diese Aura von sensitiven Personen wahrgenommen werden kann.

Durch die modernen Wissenschaften, vor allem die Physik, konnte in unserem Jahrhundert nachgewiesen werden, dass es keine »tote Materie« gibt. Das Wissen der alten Kulturen, der Mystiker und Weisen wurde damit bestätigt.

Dem Schweizer Biophysiker Walter Stark zufolge liegen die elektromagnetischen Strahlungen von Edelsteinen im Bereich der Schwingungen von Körperzellen. Sie können daher regulierend auf den Organismus einwirken und geschädigten Körperzellen zu ihrer ursprünglichen Schwingung verhelfen.

In den letzten Jahren beschäftigen sich immer mehr Menschen mit alternativen Heilweisen und mit den so genannten Grenzwissenschaften. Sie unterwerfen sich nicht mehr blind den Idealen unserer Zeit wie Jugend, Geld, Macht und Leistung, sondern besinnen sich auf sich selbst und ihren Ursprung. Sie suchen die Verbindung zu ihrem Inneren, zur Natur und zum Kosmos.

In diesem Buch möchte ich einen Einblick in die vielfältigen Möglichkeiten des Arbeitens mit Edelsteinen geben.

Sie erfahren zunächst Möglichkeiten der Bestimmung von Edelsteinen, außerdem wie sie bearbeitet werden und welche Arten von Imitationen es gibt. Es folgt ein Kapitel über Auswahl, Reinigung und Pflege von Edelsteinen. Die Beziehungen der Edelsteine zu den Farben, den Tierkreiszeichen und den Chakras werden in den folgenden Kapiteln vorgestellt, ebenso verschiedene Möglichkeiten der Arbeit mit ihnen. Den Hauptteil schließlich macht das Kapitel »Die Edelsteine von A bis Z« aus. Hier können Sie alles Wissenswerte zu den wichtigsten Steinen nachlesen.

Ich möchte darauf hinweisen, dass die Edelsteintherapie keineswegs als Alternative zu herkömmlichen Behandlungsmethoden zu sehen ist. Bei leichten Beschwerden wie Kopfschmerzen oder Pickeln kann sie die Einnahme von Medikamenten unter Umständen ersetzen. In allen anderen Fällen kann sie unterstützend eingesetzt werden. Hier sollten Sie in jedem Fall Ihren Arzt oder Heilpraktiker zu Rate ziehen.

Die Namen der Edelsteine

Die ursprünglichen Bezeichnungen der Edelsteine nehmen Bezug auf hervorstechende Eigenschaften der Steine, wie Farbe, Fundort oder die geheimen Kräfte, die in ihnen wohnen. Die ältesten Namen gehen auf das Griechische, das Lateinische und auf orientalische Sprachen zurück. Alte deutsche Namen (wie z. B. Quarz) stammen aus der Bergmannssprache oder geben Hinweise auf die technische Verwendung.

Mittlerweile kursieren im Handel zahlreiche Namen. So gibt es beispielsweise länderspezifische Bezeichnungen und unterschiedliche Schreibweisen. Als Kaufanreiz werden auch fremdländisch klingende Namen erfunden. Große Firmen kreieren so eigene Namen, wie z. B. Tansanit oder Tsavorit; manche Steine werden nach Personen (Fürsten, Politikern usw.) benannt.

In der folgenden Liste finden Sie einige handelsübliche Bezeichnungen und die dazugehörenden Fachbegriffe:

Handelsübliche Bezeichnung Fachbegriff

Adelaide-Rubin .... Pyrop
Alabanda-Rubin .... Almandin
Alaska-Diamant .... Bergkristall
Almandin-Rubin .... roter Spinell
Almandin-Spinell .... Almandin
Amerikanischer Rubin ..... Pyrop
Aquamarin-Chrysolith ..... olivfarbener Beryll
Arizona-Rubin .... roter Spinell
Arizona-Spinell .... Roter Granat
Arkansas-Diamant .... Bergkristall
Bahai-Topas .... Citrin
Balas-Rubin .... roter Spinell
Blauer Alexandrit .... Saphir
Blauer Mondstein .... Chalcedon
Böhmischer Diamant ...... Bergkristall
Böhmischer Granat .... Pyrop
Böhmischer Rubin .... Pyrop oder Rosenquarz
Böhmischer Topas .... Citrin oder gebrannter
                          Amethyst
Brasil-Aquamarin .... hellblauer Topas
Brasil-Rubin .... rosa Topas
Brasil-Saphir .... blauer Topas
Brasil-Smaragd .... grüner Turmalin
Ceylon-Diamant .... farbloser Zirkon
Ceylon-Katzenauge .... Chrysoberyll-Katzenauge
Ceylon-Opal .... Mondstein
Ceylon-Rubin .... Almandin
Deutscher Diamant .... Bergkristall
Deutscher Lapis .... blau gefärbter Jaspis

Goldtopas . . . . Citrin oder gebrannter
Amethyst

Granat-Jade . . . . grüner Grossular

Indien-Jade . . . . Aventurin

Indischer Topas . . . . Citrin oder gebrannter
Amethyst

Kalifornischer Rubin . . . . . . Grossular

Kandy-Spinell . . . . Ceylon-Granat

Kap-Rubin . . . . Pyrop

Kieselkupfer-Smaragd . . . . . . Dioptas

Königstopas . . . . rötlich-gelber Korund

Korea-Jade . . . . Serpentin

Madeira-Topas . . . . Citrin oder gebrannter
Amethyst

Marmarosch-Diamant . . . . Bergkristall

Matura-Diamant . . . . farbloser gebrannter
Zirkon

Mexikanischer Diamant . . . . Bergkristall

Mexikanische Jade . . . . grüner Kalkstein

Montana-Rubin . . . . Grossular

Orientalischer Amethyst . . . . violetter Spinell

Orientalischer Aquamarin . . . grünlich-blauer Saphir

Orientalischer Hyazinth . . . . rosa Saphir

Orientalischer Saphir . . . . . . blauer Turmalin

Orientalischer Smaragd . . . . grüner Saphir

Orientalischer Topas . . . . gelber Saphir

Palmira-Topas . . . . Citrin oder gebrannter
Amethyst

Quarz-Topas . . . . Citrin

Rauchtopas . . . . Rauchquarz

Rio-Grande-Topas . . . . Citrin
Rubin-Spinell . . . . roter Spinell
Sächsischer Chrysolith . . . . . Topas
Sächsischer Diamant . . . . . . farbloser Topas
Salamanca-Topas . . . . Citrin oder gebrannter
                                    Amethyst
Saphir-Spinell . . . . blauer Spinell
Schottischer Topas . . . . Citrin
Siam-Aquamarin . . . . blauer Zirkon
Sierra-Topas . . . . Citrin oder gebrannter
                                    Amethyst
Sibirischer Chrysolith . . . . . . Demantoid
Sibirischer Rubin . . . . roter Turmalin
Sibirischer Smaragd . . . . grüner Turmalin
Sibirischer Topas . . . . blauer Topas
Simili-Diamant . . . . Glasimitation
Sklaven-Diamant . . . . farbloser Topas
Spanischer Topas . . . . Citrin oder gebrannter
                                    Amethyst
Strass-Diamant . . . . Bergkristall oder
                                    Glasimitation
Südpazifik-Jade . . . . Chrysopras
Swiss Lapis . . . . blau gefärbter Jaspis
Synthetischer Aquamarin . . . aquamarinfarbener
                                    snythetischer Spinell
Syrischer Granat . . . . Almandin
Topas-Quarz . . . . Citrin
Topas-Saphir . . . . gelber Saphir
Transvaal-Jade . . . . grüner Grossular
Wiener Türkis . . . . blau gefärbte Tonerde

Erkennen und Einordnen von Edelsteinen

Das Erkennen und Einordnen (Klassifizieren) von Edelsteinen ist für einen Laien schwierig. Sogar Fachleuten ist es nicht immer möglich, zwischen echten und synthetischen Steinen zu unterscheiden, da die Qualität der synthetischen Herstellung in den letzten Jahren enorm verbessert wurde.

Wenn Sie im Ausland Steine erwerben wollen (im Fundland sind die Steine häufig billiger als hier), ist auch Vorsicht angebracht. Bei sehr preisgünstigen Angeboten sollten Sie besonders skeptisch sein. Sehr teure und kostbare Steine wie z. B. Diamanten, Rubine oder Smaragde sollten Sie nur bei einem Händler Ihres Vertrauens kaufen. Vielleicht zahlen Sie dort etwas mehr, aber Sie haben wenigstens die Gewissheit, dass der Stein echt ist.

Mineralien werden auf Grund von Form, Härte, spezifischem Gewicht, Spaltbarkeit, Bruchverhalten, Farbe, Transparenz, Glanz und chemischer Zusammensetzung unterschieden. Jedes Mineral weist seine ihm eigene Besonderheit auf. Auch die Entstehung der einzelnen Mineralien ist verschieden:

– *Magmatische Mineralien* entstehen durch flüssigen Schmelz oder Gase im Inneren der Erde oder durch vulkanische Lava an der Erdoberfläche.
– *Sedimentäre Mineralien* entstehen durch wässrige Lösungen oder wachsen mithilfe von Organismen an oder nahe der Erdoberfläche.
– *Metamorphe Mineralien* werden durch Umkristallisierung von Mineralien unter Druck und hohen Temperaturen in tiefen Lagen der Erdkruste gebildet.

Optische Eigenschaften

Kristallsystem

Alle Mineralien unterliegen in ihren Kristallen einer bestimmten Systematik. Obwohl sie verschiedene Formen haben, sind sie ihrer Struktur entsprechend kubisch, tetragonal, rhombisch, monoklin, triklin, trigonal oder hexagonal ausgebildet. Da die Kristalle in Aggregaten meist nicht vollständig zu erkennen sind und oft von der Idealform abweichen, ist es für einen Laien sehr schwer, Unterschiede festzustellen.

kubisch oder regulär (würfelig)
Alle drei Achsen sind gleich lang und stehen senkrecht zueinander (z. B. Diamant, Granat, Lapislazuli, Spinell).

tetragonal (quadratisch/vierseitig)

Drei Achsen stehen senkrecht zueinander. Zwei Achsen sind gleich lang und liegen in einer Ebene. Die Hauptachse ist länger oder kürzer (z. B. Zirkon).

rhombisch (orthorhombisch/rautenförmig)

Drei unterschiedlich lange Achsen stehen senkrecht zueinander (z. B. Alexandrit, Peridot, Purpurit, Topas).

monoklin (einfach geneigt)

Von drei unterschiedlich langen Achsen stehen zwei senkrecht zueinander. Die dritte liegt schräg dazu (z. B. Azurit, Jadeit, Malachit, Mondstein, Smaragd).

triklin (dreifach geneigt)

Drei Achsen sind ungleich lang und gegeneinander geneigt (z. B. Labradorit, Türkis).

hexagonal (sechsseitig)

Drei von vier Achsen sind gleich lang und schneiden sich in einem Winkel von 120 Grad bzw. 60 Grad. Sie liegen auf einer Ebene. Die vierte Achse ist kürzer oder länger und steht senkrecht dazu (z. B. Aquamarin, Smaragd).

trigonal (rhomboedrisch/dreiseitig)

Achsen und Winkel entsprechen denen des hexagonalen Systems. Hier ist nur der Querschnitt der Grundform dreieckig (bei hexagonal sechseckig) (z. B. Achat, Amethyst, Aventurin, Bergkristall, Chalcedon, Chrysopras, Citrin, Hämatit. Jaspis, Quarz, Rubin, Saphir, Turmalin).

Farbe

Es herrschen zwar bestimmte Farben vor, nach denen man eine grobe Bestimmung vornehmen kann, doch Beimengungen, Verunreinigungen, Einschlüsse und Überzüge können sehr starke Farbveränderungen hervorrufen. Durch Brennvorgänge (z. B. beim Amethyst) oder durch Färbungen (z. B. beim Achat) können schöne, klare Farben auch künstlich hergestellt werden.

Transparenz

Auch hier ist keine eindeutige und sichere Bestimmung möglich. Ein durchsichtiger Kristall etwa kann durch Einschlüsse undurchsichtig und ein in dünne Plättchen geschnittener trüber Kristall durchsichtig erscheinen.

Glanz

Man unterscheidet hier, ausgehend vom stärksten Glanz: Diamantenglanz, Hartglanz, Fettglanz, matt. Als Seidenglanz wird ein durch den Aufbau von Aggregaten entstehender Glanz bezeichnet. Durch dünne, durchsichtige Scheiben bzw. Schichten kann ein Perlmuttglanz entstehen.

Lichtbrechung

Die so genannte Lichtbrechung tritt immer dann auf, wenn ein Lichtkristall von einem Stoff (Luft) schräg in einen anderen Stoff (Edelstein) übertritt. Das Maß der Lichtbrechung ist bei den Kristallen jeder Edelsteinart konstant. Die Größe der Lichtbrechung nennt man Brechindex. Er stellt das Verhältnis der Lichtgeschwindigkeit in der Luft zu der im Edelstein dar.

Unter Fachleuten wird der Brechindex mithilfe eines so genannten Refraktometers festgestellt, auf dem der Wert unmittelbar abzulesen ist. Eine Untersuchung ist hier aber nur bei Steinen mit einer ebenen Fläche oder mit Facetten und nur bis zu einem Index von 1,80 möglich.

Durch die so genannte Immersionsmethode lässt sich der Brechindex von Edelsteinen zwar nur grob, aber dafür ohne großen technischen Aufwand feststellten. Hierzu wird der Edelstein in eine Flüssigkeit mit bekanntem Brechindex gelegt. Durch die Helligkeit, Schärfe und Breite der Konturen kann man den Brechindex grob festlegen. Bei weißen Konturen und schwarzen Facettenkanten ist die Lichtbrechung des Edelsteins gering. Bei schwarzen Konturen und weißen Facettenkanten ist sie höher. Bei breiten Konturen weicht die Lichtbrechung stark ab und bei verwischten Konturen hat der Edelstein den gleichen Brechindex wie die Flüssigkeit.

Doppelbrechung

Bei allen Edelsteinen, außer dem Opal und denen des kubischen Kristallsystems, werden die Lichtstrahlen beim Eintritt in den Kristall gebrochen und in zwei Strahlen zerlegt. Bei den meisten Edelsteinen ist die Doppelbrechung nur gering und mit dem bloßen Auge kaum zu erkennen. Nur beim Zirkon und beim Peridot tritt eine deutlich erkennbare Doppelbrechung auf.

Dispersion

Beim Durchgang durch einen Kristall wird das Licht nicht nur gebrochen, sondern auch in seine Spektralfarben zerlegt. Auf diese Weise entsteht besonders beim Diamanten ein prächtiges Farbenspiel, er erhält dadurch sein »Feuer«. Bei farbigen Edelsteinen ist es schwer, die Spektralfarben zu ermitteln, da ihre Despersion sehr niedrig ist.

Absorptionsspektren

Die meisten Edelsteinarten zeigen bei der Absorption ein nur für sie gültiges und charakteristisches Verhalten. Bei den Absorptionsspektren handelt es sich um in Spektralfarben auseinander gezogene Bänder des Lichts, das auf den farbigen Edelstein auftritt. Das menschliche Auge kann aber nicht alle Farbunterschiede wahrnehmen. Diese Methode ist eine der wichtigsten zur Bestimmung von Edelsteinen, da auch Rohsteine, Cabochons und gefasste Edelsteine hierdurch unterschieden werden können.

Zur Beobachtung der Absorptionsspektren benutzt man ein so genanntes Spektroskop. Maßeinheit für die Wellenlänge des Lichts ist das Ångström (Å; 1 Å = 1 zehnmillionstel Millimeter) oder neuerdings das Nanometer (nm; 1 nm = 1 millionstel Millimeter).

Lichtfiguren

Durch Reflexions-, Interferenz- und Beugungserscheinungen treten bei vielen Edelsteinen streifenartige Lichtfiguren oder fächerähnliche Schimmer auf. Diese Lichtfiguren sind unabhängig von Eigenfarbe oder Verunreinigungen.

Chatoyieren (Katzenaugeneffekt): Der so genannte Katzenaugeneffekt entsteht durch Reflexionen des Lichts an parallelen Fasern, Nadeln oder Hohlkanälen. Beim Drehen des Edelsteins gleitet das Katzenauge über die Oberfläche des Steins hinweg.

Asterismus: Beim Asterismus erscheint das Licht mit sternenförmigen Lichtstreifen, die sich an einem Punkt schneiden und bestimmte Winkelgrade einschließen. Schöne sechsstrahlige Sterne treten z. B. beim Rubin oder beim Saphir auf. Es gibt auch vier-, selten zwölfzackige Sterne. Bei einem zur Kugel geschliffenen Rosenquarz etwa laufen die Strahlen kreisförmig über die gesamte Oberfläche.

Adularisieren: Beispiel hierfür ist der Mondstein, bei dem sich ein flächenhafter bläulich-weißer Schimmer zeigt, der beim Bewegen des Steins über die Oberfläche gleitet. Dieser Effekt wird durch Interferenzen auf Grund der Lamellenstruktur des Mondsteins hervorgerufen.

Aventurisieren: Auf Grund von eingelagerten Blättchen wird durch die Reflexion des Lichts ein buntes schillerndes Farbenspiel hervorgerufen.

Irisieren: In Sprüngen und Rissen wird das Licht zerlegt und in allen Regenbogenfarben reflektiert. Im Handel wird dieser Effekt z. B. beim Bergkristall durch künstlich erzeugte Risse erreicht.

Labradorisieren: Dieses Farbenspiel in metallisch glänzenden Tönen (häufig blaue oder grüne Effekte) wird wahrscheinlich durch Interferenzerscheinungen an Zwillingslamellen hervorgerufen.

Opaleszieren: Infolge von Reflexionserscheinungen, bei denen kurzwelliges, d. h. blaues Licht zurückgeworfen wird, entsteht beim gemeinen Opal ein milchig bläuliches oder perlglanzartiges Aussehen.

Opalisieren: Kleine Kugeln des Minerals Cristobalit, eingelagert in einer Kieselgelmasse, bewirken Reflexionsbzw. Interferenzerscheinungen im Opal und lassen dadurch ein buntflächiges Farbenspiel erscheinen.

Seide: Reflexionen an gleichgerichteten, feinfaserigen Einlagerungen oder Hohlkanälen bewirken einen seidenartigen Glanz. Dieser Glanz ist besonders bei facettierten Rubinen und Saphiren sehr geschätzt. Wenn die eingelagerten Nadeln sehr zahlreich auftreten, wird der Stein undurchsichtig und kann durch entsprechenden Schliff einen Katzenaugeneffekt zeigen.

Strichfarbe

Die Farbe eines Minerals ist kaum eine Bestimmungshilfe beim Erkennen, da nur wenige eine einzige, charakteristische Farbe aufweisen (wie z. B. Malachit grün und Azurit blau). Die Strich- oder Pulverfarbe dagegen ist ein sicheres Bestimmungsmittel für Minerale. Die Strichfarbe gibt immer die gleiche, einmalige und konstante Eigenfarbe der Mineralart wieder. Beim Fluorit ist die Strichfarbe immer Weiß, egal ob er gelb, grün, blau oder schwarz ist.

Um die Strichfarbe zu erhalten, reibt man eine Ecke des Minerals auf einem rauen Porzellantäfelchen (so genannte Strichtafel). Bei Mineralien, die über der Härte 6 liegen (wie die meisten Edelsteine), muss vorher ein Stück pulverisiert und auf der Tafel verrieben werden. Außerdem dürfen für die Strichfarbe nur frische Bruchstücke verwendet werden, da Oxidationsüberzüge, Verwitterungsschichten und Anlauffarben das Ergebnis beeinflussen.

Farbveränderungen

Manche Edelsteine, wie Amethyst oder Rosenquarz, können sich mit der Zeit farblich verändern oder durch Tages- und Sonnenlicht ausbleichen. Solche Veränderungen kommen sehr selten vor, sind aber möglich. Die meisten Farbveränderungen werden künstlich hervorgerufen. Ein violetter Amethyst wird z. B. durch Brennen hellgelb, rotbraun, grün oder milchig weiß gefärbt. Die meisten im Handel erhältlichen Citrine sind solche umgewandelten Amethyste. Bei grünstichigen Aquamarinen wird die

Farbe durch Brennen zu einem Meerblau, sehr dunkle Turmaline werden aufgehellt, blaue Turmaline grün. Durch Radium- oder Röntgenstrahlen und auch durch Beschuss mit Elementarteilchen im Atomreaktor können ebenfalls Farbveränderungen vorgenommen werden. Diese Farben sind nicht immer von Dauer, die Steine können verblassen, andere Farben annehmen oder fleckig werden. Bei den poröseren Steinen wie Lapislazuli, Türkis, Achat oder auch bei Perlen werden Farbveränderungen durch die Zufuhr von Farbstoffen erreicht. Im Handel müssen, außer bei gebrannten Steinen und gefärbten Achaten, solche künstlichen Veränderungen der Farbe kenntlich gemacht werden.

Physikalisch-chemische Eigenschaften

Spezifisches Gewicht/Dichte

Als Dichte oder spezifisches Gewicht bezeichnet man den Faktor, um den das Mineral schwerer ist als die volumengleiche Menge Wasser bei einer Temperatur von 4 Grad C. Ein Mineral mit einem spezifischen Gewicht von 3,5 ist also 3,5-mal so schwer wie das gleiche Volumen Wasser.

Zur Bestimmung des spezifischen Gewichts gibt es eine zwar zeitraubende, aber relativ preiswerte und einfache

Methode, die so genannte Auftriebsmethode. Die Auftriebsmethode kann man mit einer umgebauten Briefwaage oder einer Präzisionswaage vom Chemiker oder aus der Apotheke durchführen. Das Mineral wird zunächst an der Luft und anschließend im Wasser gewogen. Der Gewichtsunterschied entspricht dem Gewicht des verdrängten Wassers und damit dem Volumen des Minerals.

Wichtig hierbei ist, dass der Edelstein nicht von Fremdsubstanzen umgeben oder eingefasst und beim Wiegen an der Luft trocken ist.

Beispiel:

Gewicht in Luft	5,2 g
Gewicht in Wasser	3,3 g
Unterschied = Volumen	1,9 g

$$\text{spezifisches Gewicht} = \frac{\text{Gewicht} \quad 5,2 \text{ g}}{\text{Volumen} \quad 1,9 \text{ g}} = 2,7 \text{ g}$$

Karat (Carat)

Karat ist die im Edelsteinhandel übliche Gewichtseinheit für Edelsteine; 0,1 g = 0,5 ct bzw. ½ Karat.

Gramm

Im Edelsteinhandel wird bei weniger wertvollen Steinen oder bei Rohware die Gewichtseinheit in Gramm angegeben.

Grain

Grain ist die übliche Gewichtsangabe für Perlen, die aber zusehends durch Karat ersetzt wird; 0,05 Grain = 0,25 ct bzw. ¼ Karat.

Härte

Nach Mohs unterscheidet man 10 Härtegrade. Die Härte wird durch Ritzen des Minerals festgestellt. Hierbei sind im Handel so genannte Härtestifte eine große Hilfe. Lässt sich ein Mineral z. B. mit einem Stift der Härte 7 ritzen, mit einem der Härte 6 aber nicht, so liegt seine Bestimmungshärte zwischen 6 und 7. Bei der Härteprüfung sollte man möglichst unauffällige Stellen des Minerals wählen oder Bruchstücke nehmen. Zur groben Unterscheidung kann man sich folgender Regeln bedienen:

Härte 1   mit Fingernagel schälbar
Härte 2   mit Fingernagel ritzbar
Härte 3   mit Kupfermünze ritzbar
Härte 4   mit Messer leicht ritzbar
Härte 5   mit Messer schwer ritzbar
Härte 6   mit Stahlfeile ritzbar
Härte 7   ritzt Fensterglas

Härtere Mineralien lassen sich nicht mehr mit dieser einfachen Methode bestimmen.

Chemische Zusammensetzung

Für einen Laien ist die Bestimmung der chemischen Zusammensetzung von Edelsteinen unmöglich, da er kaum über die technischen Möglichkeiten verfügt, eine chemische Analyse am Stein durchzuführen. Um eine Einteilung der Mineralien in ihre Mineralgruppen vorzunehmen, ist die Feststellung der chemischen Zusammensetzung vom Fachmann notwendig.

Sonstige Eigenschaften

Magnetismus

Manche Edelsteine, wie z. B. der Bernstein, bauen bei Reibung eine magnetische Ladung auf und können dadurch feine, leichte Körper anziehen. Der Magnetit wird durch einen Magneten angezogen.

Fluoreszenz

Wenn man einige Edelsteine ultraviolettem Licht aussetzt, leuchten sie in einer für ihre Mineralart charakteristischen Farbe. Diese Farbe kann aber durch Verunreinigungen verfälscht werden.

Bearbeitung und Nachahmung von Edelsteinen

— ◊ —

Bearbeitung

Das Einritzen von Figuren, Symbolen oder Schriften ist die älteste Art der Bearbeitung von Edelsteinen. Die eigentlichen Anfänge der Schleifkunst liegen vermutlich in Indien. Bis ins 14. Jahrhundert wurden fast nur natürliche Kristalle bearbeitet. Sie wurden poliert und erhielten dadurch einen stärkeren Glanz und eine bessere Transparenz.

Der Höhepunkt der Schleifkunst ist der Facettenschliff, dessen Ursprung nicht eindeutig geklärt ist. Inzwischen haben sich Amsterdam und Antwerpen zum Zentrum des Diamantenschliffs und Idar-Oberstein zum Mittelpunkt der Achat- und Farbsteinschleiferei entwickelt.

Steingravur

In der Antike wurden zunächst Achat, Amethyst, Jaspis, Karneol und Onyx zu Gemmen, Kleinplastiken und Ziergegenständen geschliffen oder graviert. Heute sind Gravuren in allen edlen Steinen, einschließlich des Diamanten, zu finden.

Bearbeitung von Achaten

Die teilweise großen und zentnerschweren Steine werden auf einer mit Diamantensplittern besetzten Kreissäge gesägt. Durch diesen Vorgang wird der Stein in seine grobe Form geschnitten. Den Feinschliff erhält er am Sandsteinrad. Am Ende wird der Stein durch Walzen oder Räder aus Holz, Blei, Filz, Leder oder Zinn poliert, erhält dadurch einen hohen Glanz, und die Feinzeichnung seiner Struktur wird sichtbar.

Die meisten Achate sind normalerewise unscheinbar grau und lassen oft keine Zeichnung erkennen. Erst durch den Vorgang des Färbens werden sie zu den schönen farbenprächtigen und interessant strukturierten Steinen. Im Allgemeinen werden anorganische Farben verwendet, da organische Farben nicht lichtbeständig und schwächer sind. Der Färbevorgang erfolgt nach dem Polieren der Steine.

Bearbeitung von Farbsteinen

Auf einer mit Diamantensplittern besetzten Kreissäge wird der Farbstein zunächst in seine gewünschte Größe beschnitten. Auf grobkörnigen Carbarundumrädern erhält er dann seine grobe, aber endgültige Form. Durchsichtige Steine bekommen dann einen Facettenschliff. Sie werden hierzu auf kleine Stäbe geklebt und an der Schleifscheibe gerieben. Im letzten Arbeitsgang wird der Stein auf rotierenden Scheiben poliert.

Bearbeitung von Diamanten

In früheren Zeiten wurden Diamanten mit einem Messer, dem man einen leichten Schlag versetzte, geteilt. Hierbei gab es oft Zertrümmerungen, wenn innere Spannungen und versteckte Risse nicht erkannt wurden. Aus diesem Grund ist man dazu übergegangen, die Steine zu sägen. Hierbei wird der Diamant auf der Mittelachse oder nahe darüber in seine Rohform geteilt. Dieser Sägevorgang dauert bei einem 1-Karat-Stein (6–7 mm Durchmesser) etwa 5 bis 8 Stunden.

Im nächsten Arbeitsgang erhält der Diamant seine Rohform mit Ober- und Unterteil. Es werden zwei Diamanten gegeneinander gerieben, sodass die Kanten die doppelkonische Brillantenform erhalten. Steine, die nicht den Brillantschliff bekommen sollen, werden an Schleifscheiben gerieben. Auf der gleichen Scheibe wird der Diamant poliert. Der Schleifverlust liegt bei etwa 50 bis 60 Prozent.

Nachahmung

Schon die alten Ägypter haben versucht, durch Glas und Glasur Edelsteine nachzuahmen. Heute wird auch Porzellan, Kunstharz und Plastik zur Herstellung von Edelsteinnachahmungen verwendet. Bei diesen Imitationen ist aber nur das farbliche Aussehen mit echten Edelsteinen vergleichbar, da andere physikalische Eigenschaften (z. B. Härte, spezifisches Gewicht) nicht zufrieden stellend nachgeahmt werden können.

Am Ende des 19. Jahrhunderts gelang es dem Franzosen Verneuil, wirtschaftlich nutzbare synthetische Rubine herzustellen.

Zusammengesetzte Steine

Im Handel werden oft so genannte Dubletten angeboten. Diese Dubletten bestehen aus zwei aufeinander liegenden Schichten. Hierbei gibt es viele Kombinationen: z. B. Ober- und Unterteil aus farblosem Edelstein mit farbigem Klebstoff dazwischen oder Oberteil aus farblosem Edelstein und Unterteil aus gefärbtem Glas. Zum Schutz der Oberfläche wird verschiedentlich auch eine dünne Auflage harten Edelsteins aufgezogen. Diese dreiteiligen Steine werden Triplette genannt. Die zusammengesetzten Steine sind, besonders wenn die Nahtstellen in der Fassung liegen, sehr schwer als solche zu erkennen.

Synthetische Steine

In einem Ofen wird bei ca. 200 °C pulverisierter Edelsteinrohstoff geschmolzen. Die fallenden Tropfen werden von kleinen Sockeln aufgefangen, wo sie auskristallisieren und eine so genannte Schmelzbirne bilden. Die Wachstumszeit dieser etwa 1,5 mm dicken und 200 bis 500 Karat schweren Birnen beträgt etwa 4 Stunden. Die Schmelzbirnen werden vor dem Schleifen in Längsrichtung geteilt, um die innere Spannung zu lösen.

Fast alle Edelsteine können so nachgemacht werden. Das Verfahren zur Herstellung von synthetischen Diamanten ist allerdings so teuer, dass sie im Handel nicht zu finden sind. Für die Industrie sind sie dagegen unentbehrlich.

Auswahl, Reinigung und Pflege von Edelsteinen

— ◊ —

Auswahl der persönlichen Steine

Bei der Auswahl der persönlichen Steine sollte man sich ganz auf das eigene Gespür verlassen. Sie sollten nur darauf achten, dass die Steine in sich keine Sprünge oder Risse aufweisen. Außerdem ist es ratsam, mit weniger wertvollen und teuren Steinen zu beginnen, um den eigenen Geldbeutel nicht übermäßig zu strapazieren. Auch die so genannten Halbedelsteine eignen sich genauso gut als Talisman, Amulettstein oder Heilstein wie die weitaus teureren Edelsteine. Legen Sie sich eine kleine Sammlung der verschiedenen und wichtigsten Steine an. Auch ganz einfache Kieselsteine, die Sie am Strand oder auf der Straße finden und zu denen Sie eine intensive Beziehung aufgebaut haben, eignen sich als Talisman oder Amulettstein.

Eines der wichtigsten Auswahlkriterien ist also der eigene Geschmak. Ich mag z. B. den violetten Amethyst, der relativ preiswert und in vielen Variationen und Formen erhältlich ist, sehr viel lieber als den teuren Rubin oder den Granat.

Es ist wichtig, dass Sie zu Ihren Steinen eine persönliche Beziehung wie zu einem guten Freund aufbauen. Sie sollten sie lieben, achten und ihnen den nötigen Respekt entgegenbringen.

Auswahl von Heilsteinen

Wollen Sie Ihre Steine zur Heilung verwenden, sollten Sie die spezifische Heilwirkungen der einzelnen Steine beachten. Experimentieren Sie aber auch ruhig selbst mit verschiedenen Steinen. Achten Sie genau auf Ihre Reaktion oder die Reaktion Ihres Patienten beim Auflegen der verschiedenen Steine. Jeder Mensch unterscheidet sich vom anderen. Am besten ist es, wenn Sie die Steine je nach Patient speziell aussuchen oder von ihm aussuchen lassen.

Bei schwer Kranken ist im Umgang mit Edelsteinen äußerste Vorsicht geboten. Ein schwer kranker Organismus ist sehr empfänglich für jegliche Art von äußeren Einflüssen. Er nimmt die Schwingungen der Steine auf, kann sie aber nicht richtig und positiv für sich umsetzen, da er völlig aus seiner Bahn geworfen ist.

Auch bei Kindern ist im Umgang mit Edelsteinen Vorsicht angesagt. Ihr Organismus ist noch nicht völlig ausgereift und im Gleichgewicht. Wenn das Kind den Edelstein nicht anfassen oder tragen möchte, sollten Sie es auf keinen Fall dazu zwingen.

Praktische Reinigung

Wenn ein Stein durch Schlamm, getrocknete Erde o. ä. stark verunreinigt ist, weichen Sie ihn in lauwarmem Wasser ein und lösen den Schmutz mit einer weichen Bürste. Sie sollten den Stein auf keinen Fall kratzen oder stoßen. Lassen Sie den Stein an der Luft trocknen. Ein Handtuch kann Faserteile auf dem Stein hinterlassen. Vermeiden Sie bei der Reinigung möglichst Seife und andere Substanzen, die den Stein angreifen können. Sollten andere Mineralien am Stein haften, bringen Sie ihn am besten zu einem Experten und lassen ihn dort reinigen.

Esoterische Reinigung

Unter esoterischer Reinigung versteht man die Reinigung von negativen Energien, die der Stein aufgenommen hat. Sie sollten Ihre Steine je nach Bedarf mit einer der folgenden Methoden reinigen und aufladen. Wie oft und nach welcher Methode Sie Ihre Steine reinigen, bleibt allein Ihnen überlassen. Ist der Stein bei der Behandlung einer Krankheit eingesetzt worden und hat dadurch viel negative Energie vom Patienten aufgenommen, sollten Sie auf jeden Fall eine Reinigung durchführen. Auch ein Edelstein kann nicht unbeschränkt Negatives aufnehmen.

Visualisierung

Die Technik des Visualisierens bedarf einer langen und intensiven Übung und funktioniert auch dann nur, wenn Sie sich in einem ruhigen Raum weit ab von jeder möglichen Störung von außen aufhalten und sich voll auf Ihre »Arbeit« konzentrieren können.

Setzen Sie sich mit gekreuzten Beinen auf den Boden. Konzentrieren Sie sich auf den Stein, den Sie entweder vor sich auf den Boden gelegt haben oder auch in der Hand halten. Stellen Sie sich ein helles Licht vor, das Sie beide umgibt. Das Licht zieht sich zusammen und saugt die gesamten negativen Energien aus dem Stein. Stellen Sie sich nun einen klaren, fließenden Bergbach vor, in dem Sie Ihren Stein baden. Trocknen Sie ihn nun an einem Weihrauchfeuer oder im Sonnenlicht. Nach dieser imaginären (gedanklichen) Handlung spülen Sie den Stein unter klarem Wasser ab und lassen ihn an der Luft trocknen.

Quellwasser

Suchen Sie sich einen klaren Bergbach oder einen klaren Quellfluss. Legen Sie den Stein für etwa eine Stunde ins fließende Wasser. Am besten platzieren Sie um den Stein einige Flusssteine, damit er nicht von der Strömung mitgeschwemmt wird. Lassen Sie ihn anschließend an der Luft trocknen.

Für eine kurze Reinigung reicht es auch aus, den Stein

einige Minuten unter fließendes Leitungswasser zu halten. Da aber Leitungswasser nicht rein ist, ist diese Methode nur zur kurzfristigen Reinigung (z. B. vor einer Chakrabehandlung) angebracht. Wenn Sie mehr Zeit haben, aber kein Quellfluss in der Nähe ist, sollten Sie lieber eine der anderen Reinigungsmethoden wählen.

Sonnenbad/Mondbad

Legen Sie den Stein auf ein festes, fusselfreies Tuch und setzen Sie ihn einige Stunden dem Sonnenlicht aus.

Den Mondstein legen Sie über Nacht bei klarem Himmel ins Mondlicht. Beachten Sie hierbei die Mondphasen (siehe Mondstein, Seite 94).

Salzbad

Legen Sie den Stein in eine gereinigte Schüssel und überdecken Sie ihn vollständig mit unbehandeltem Meersalz. Lassen Sie den Stein einige Stunden oder auch die ganze Nacht im Salz liegen. Anschließend halten Sie den Stein unter fließendes Wasser und lassen ihn an der Luft trocknen.

Schütten Sie das Salz auf jeden Fall weg. Benutzen Sie es auch nicht, um noch einen anderen Stein zu reinigen oder gar zum Kochen. Das Salz hat die ganze negative Energie aufgenommen und ist daher unbrauchbar geworden.

Erde

Legen Sie den Stein in die Erde und bedecken Sie ihn vollständig. Diese Reinigungsmethode sollten Sie nicht durchführen, wenn die Gefahr eines plötzlichen Temperaturwechsels besteht. Bei abrupten Temperaturänderungen kann der Stein rissig werden oder sogar springen. Wie lange sie den Stein in der Erde lassen (Stunden, Tage, Wochen) ist allein Ihnen überlassen.

Räucherung

Entzünden Sie eine reinigende Räuchermischung und halten Sie den Stein in den aufsteigenden Rauch. Stellen Sie sich vor, wie alle negativen Energien aus dem Stein mit dem Rauch hinaufsteigen.

Sie können eine solche Räucherung auch selbst herstellen. Eine sehr kraftvolle Räucherung zur Reinigung besteht aus Lorbeer, Beifuß, Schafgarbe, Nelkenwurz, Basilikum, Rosmarin, Wacholder und Sägemehl. Geben Sie die Zutaten zu gleichen Teilen in den Mörser und vermahlen Sie alles miteinander.

Pflegetipps für einzelne Steine

Bernstein

Der Bernstein ist ein sehr weicher Stein und reagiert daher sehr empfindlich auf chemische Substanzen. Sie sollten den Bernstein vor Reinigungsmitteln, Cremes, Parfüm etc. schützen. Legen Sie ihn beim Waschen, Duschen oder Baden unbedingt ab.

Opal

Durch das Tragen an der Luft und im Tageslicht wird dem Opal Wasser entzogen und dadurch sein Farbenspiel trüber. legen Sie den Stein daher öfter über Nacht auf ein feuchtes Tuch, damit der Opal sich wieder mit Wasser versorgen kann.

Perle

Am besten pflegt man Perlen, indem man sie häufig trägt. Der Hautkontakt verleiht der Perle einen sanften Schimmer. Chemische Substanzen wie z. B. Parfüm oder Haarspray führen dazu, dass das Perlmutt stumpf wird. Reiben Sie die Perlen daher nach jedem Tragen mit einem weichen Tuch ab. Bewahren Sie die Perlen möglichst in Seidenpapier und bei hoher Luftfeuchtigkeit (z. B. im Badezimmer) auf, um sie vor dem Austrocknen zu schützen.

Türkis

Der Türkis ist, genau wie der Bernstein, ein sehr weicher Stein und sollte daher vor allen chemischen und aggressiven Stoffen geschützt werden. Reiben Sie ihn von Zeit zu Zeit mit einem weichen, unbehandelten Tuch ab.

Andere Steine

Alle anderen Steine sollten Sie unter fließendem Wasser, wenn es gar nicht anders geht mit etwas Seife, vorsichtig reinigen und an der Luft trocknen lassen.

Farbsymbolik

— ◊ —

In der Edelsteintherapie spielt die Farbe eine große Rolle. Alle Farben stehen miteinander in harmonischer Verbindung. Sie haben einen direkten Einfluss auf das Wohlbefinden, sowohl körperlich als auch seelisch. An sonnigen Tagen, an denen die Farben Blau, Gelb und Rot überwiegen, fühlen wir uns besser als an trüben, grauen Tagen.

Die einzelnen Farben haben verschiedene Wellenlängen. Unser Auge kann eine große Skala dieser Farbvariationen aufnehmen. Edelsteine besitzen die größte Konzentration von Farbe überhaupt.

Die Symbolik, die einer Farbe zugeordnet wird, hängt unter anderem auch von der Kultur ab, in der sich ein Mensch bewegt. In der westlichen Kultur wird Schwarz z. B. mit Trauer und Tod assoziiert, während in China mit der gleichen Thematik die Farbe Weiß verbunden wird.

Die folgende Aufstellung beschreibt die für unsere Kultur gültige Farbsymbolik und ihre therapeutischen Eigenschaften. Es wird jeweils eine Auswahl der entsprechenden Steine aufgeführt.

Weiß oder durchscheinend

Farbsymbolik: *positiv:* Unschuld, Reinheit, Erlösung, Licht, Demut, Spiritualität, Wahrheit, Friede, göttliche Weisheit, Verklärung
negativ: Energieverlust, Unwahrheit, Schwäche, Feigheit, Verletzbarkeit, Mangel an Lebenskraft

Heilwirkung: bakterientötend, stoffwechselfördernd, durchblutungsfördernd, verstärkt die Wirkung der Organe untereinander

Steine: Bergkristall, Chalcedon, Diamant, Opal, Perle, Zirkon

Gelb

Farbsymbolik: *positiv:* Intelligenz, Regsamkeit, Zufriedenheit, Kreativität, Wachstum, Freiheit, Weisheit, Sonne, Gold im materiellen und spirituellen Sinne, Expansion, Idealismus
negativ: Unlust, schlechte Laune, Neid, Konkurrenz, falsche Hoffnung, Niedergeschlagenheit, Stagnation

Heilwirkung: kräftigend, stimulierend, regt die Bildung von roten Blutkörperchen an, aktiviert das Lymphsystem

Steine: Chrysolith, Bernstein, gelber Jaspis, Topas, Zirkon

Orange

Farbsymbolik: *positiv:* Energie, Wachstum, Freude, Wärme, Kraft, Intuition, Inspiration, Begeisterung
negativ: Stagnation, Eifersucht, Neid, Schwäche, Angst, Krankheit, Hass

Heilwirkung: herzstärkend, regt die Schilddrüsen an, fördert Lebertätigkeit und Verdauung, krampflösend, entspannend, aufmunternd, stimuliert die Atmung

Steine: Achat, Jaspis, Feueropal, Heliodor, Padparadscha, Spinell, Topas, Tigerauge, Zirkon

Rosa

Farbsymbolik: *positiv:* Regeneration, feine Sinnlichkeit, Hingabe, mystische Wiedergeburt, Sensibilität, Träume, Zärtlichkeit, Sanftmut, Bescheidenheit, Zurückhaltung
negativ: unrealistische Tagträume, Sentimentalität, Schüchternheit, Verklärung, Wirklichkeitsflucht

Heilwirkung: anregend auf Genitalbereich, wirkt bei negativen Gedanken, Ängstlichkeit, Unruhe

Steine: Rosenquarz, Almandin, Rhodochrosit, rosa Edeltopas

Rot

Farbsymbolik: *positiv:* Mut, Liebe, Wärme, Nächstenliebe, Vitalität, Inspiration, Sexualität, Erregung, Geburt, Dynamik, Leidenskraft, Gesundheit, Sinnlichkeit, Stärke, Prinzip des Lebens und des Feuers
negativ: Hass, unbeherrschte Leidenschaft, Angriff, Blut, Gefahr, Anarchie, Gewalt, Rache, Grausamkeit, Krieg, Rebellion

Heilwirkung: schenkt Energie, regt die Sinne an, fördert Wundheilung und Vernarbung, keimtötend (antiseptisch), Aphrodisiakum, regt körperliche Aktivität und Blutbildung an

Steine: Achat, Rubin, Granat, Karfunkel, Karneol, roter Jaspis, Hämatit, Koralle

Grün

Farbsymbolik: *positiv:* Schöpfung, Erneuerung, Harmonie, Gleichgewicht, Ruhe, Vitalität, Regeneration, Wachstum, Fruchtbarkeit, Wohlstand, Leben, Erfolg, Natur, Stabilität, ewige Jugend
negativ: Neid, Krankheit, Alterung, Ärger, Hass, Disharmonie, Groll, Argwohn

Heilwirkung: beruhigend, ausgleichend, reinigend, fördert Wohlergehen und Seelenruhe, blasenstärkend, belebend

Steine:	Beryll, Smaragd, Türkis, Malachit, Jade, Aventurin, Olivin, Turmalin, Heliotrop, Nephrit, Chrysolith, Opal, Aquamarin

Blau

Farbsymbolik: *positiv:* Himmel, Luft, Ruhe, Frieden, Reinheit, Meditation, Freude, Weiblichkeit, Treue, Spiritualität, Wahrheit, Inspiration, Intuition
negativ: Kälte, Distanz, Depression, Kummer, Apathie, Melancholie, Traurigkeit, Tränen

Heilwirkung: beruhigend, schmerzstillend, krampflösend, fiebersenkend, regeneriert das Nervensystem

Steine: Saphir, Türkis, Aquamarin, Lapislazuli, Mondstein

Violett

Farbsymbolik: *positiv:* höchste geistige Schwingungen, Spiritualität, Askese, Liebe, Innenschau, Weisheit, humanitäre Liebe, Mystik, Inspiration, Meditation, Erleuchtung, Grenzerfahrung
negativ: Melancholie, Depression, Dämmerung, Lethargie, Realitätsverhaftung, Bewusstseinstrübung

Heilwirkung: bei Vergiftung, Gelenkbeschwerden und

Schlaflosigkeit, regt Milztätigkeit an, reguliert Herz und Lymphsystem, besänftigt nervöse Erregungszustände

Steine: Amethyst, Purpurit

Schwarz

Farbsymbolik: *positiv:* Würde, Ansehen, Unbezwingbarkeit, Entsagung, innere Kraft, tiefe Gefühle, Erdmutter

negativ: Depression, Trauer, Verlust, Furcht, Pessimismus, Angst, Mutlosigkeit, Verzweiflung

Heilwirkung: beruhigend, schlaffördernd, bei Nervenschwäche und Rachitis

Steine: Opal, Onyx, Magnetit

Edelsteine und Tierkreiszeichen

Bei der Zuordnung der einzelnen Edelsteine zu den Tierkreiszeichen scheiden sich die Geister. Sie werden wahrscheinlich in jedem Buch, das sich mit diesem Thema beschäftigt, eine andere Einteilung finden. Am naheliegendsten erscheint mir die Zuordnung der Edelsteine zu den Herrscherplaneten der einzelnen Tierkreiszeichen. Dabei ist die Farbe ausschlaggebend. In der folgenden Tabelle finden Sie eine Übersicht über die zwölf Tierkreiszeichen, ihre Herrscherplaneten und die zugeordneten Edelsteine:

Tierkreiszeichen	Planet	Edelsteinzeichen
Widder 21. 3.–20. 4.	Mars	rote Steine: Almandin, Feueropal, Karneol, rote Koralle, Rubellit, Rubin, Sarder

Tierkreiszeichen	Planet	Edelsteinzeichen
Stier 21. 4.–20. 5.	Venus	grüne und rosafarbene Steine: helle Achate, Jadeit, Rosenquarz, helle Saphire, Smaragd
Zwillinge 21. 5.–21. 6.	Merkur	graue Steine und Steine von veränderlicher Farbe: Diamant, Katzenauge, Opal
Krebs 22. 6.–22. 7.	Mond	weiße, milchige und irisierende Steine: Bergkristall, Diamant, Mondstein, Nephrit, Opal, Perle
Löwe 23. 7.–23. 8.	Sonne	gelbe und rot-goldene Steine: Bergkristall, Bernstein, Diamant, Sonnenstein, Zirkon
Jungfrau 24. 8.–23. 9.	Merkur	wie bei Zwillinge, außerdem alle Jaspisarten

Tierkreiszeichen	*Planet*	*Edelsteinzeichen*
Waage 24. 9.–23. 10.	Venus	wie bei Stier, aber eher grüne als rosafarbene Steine
Skorpion 24. 10.–22. 11.	Mars und Pluto	dunkelrote und violette Steine: Amethyst, Hämatit, Heliotrop, Opal, Pyrop
Schütze 23. 11.–21. 12.	Jupiter	blaue Steine: Aquamarin, Lapislazuli, Saphir, Türkis
Steinbock 22. 12.–20. 1.	Saturn	schwarze und violette Steine: Amethyst, schwarze Koralle, Morion, Onyx, schwarze Perle, Schörl
Wassermann 21. 1.–20. 2.	Uranus	blau-grüne Steine: Aquamarin, Labradorit, Türkis
Fische 21. 2 –20. 3.	Neptun	violette und opalisierende Steine: Amethyst, Mondstein, Opal, Saphir

Edelsteine und Chakras

Die Chakras bzw. Energiezentren gehören in den Bereich der feinstofflichen Energien. Der Mensch besitzt sieben Hauptchakras und zahlreiche Nebenchakras, die über den ganzen Körper verteilt sind. Die Chakras sind eine Art Umwandler und Vermittler der Lebensenergie: Sie können aufnehmen und abgeben. Innere und äußere Einflüsse können zu Störungen und einem Ungleichgewicht des Energieflusses führen und damit eine Schwächung oder Erkrankung des Körpers bewirken.

Die einzelnen Chakras

Das erste Chakra ist das *Basis- bzw. Wurzelzentrum*. Es befindet sich zwischen Steißbein und Genitalbereich und hat direkten Einfluss auf die Fortpflanzungsorgane. Es hat die Aufgabe den Zell- und Blutaufbau zu regulieren. Gleichzeitig steuert es die mentalen, lebenserhaltenden Energien, wie die Lebenskraft, den Willen sowie den Fortpflanzungs- und Sexualtrieb. Der Gedanke an materielle und existenzielle Absicherung ist hier maßgebend.

Das zweite Chakra, das *Sakral- oder Kreuzzentrum*, befindet sich zwischen Unterleib und Nabel. Es regelt die Ausscheidungsfunktionen des Körpers und steht in Verbindung mit den Nebennierendrüsen. Im mentalen Bereich steht es für die Beziehung zu uns selbst und zu anderen Menschen.

Das *Solarplexus- oder Nabelzentrum* ist das dritte Chakra und befindet sich zwei Finger über dem Nabel. Es ist verbunden mit der Bauchspeicheldrüse und wirkt direkt auf die Verdauungsorgane, die Leber und auf alle Stoffwechselvorgänge. Es steuert das vegetative Nervensystem und ist das Zentrum unserer gesamten emotionalen Wahrnehmung und Empfindung.

Das vierte Chakra ist das *Herzzentrum*. Es nimmt Einfluss auf das Herz und steuert damit unsere wichtigsten Lebensfunktionen. Es steht in Verbindung mit dem Immunsystem und hat direkten Einfluss auf unser spirituelles Wachstum.

Das zwischen Halsgrube und Kehlkopf gelegene *Halszentrum* ist das fünfte Chakra. Es beeinflusst die Schilddrüse und damit den Stoffwechsel, die Gewebebeschaffenheit und den Knochenaufbau. Gleichzeitig wirkt es auf das gesamte Nervensystem. Außerdem hat es Einfluss auf unsere Kommunikation mit der Umwelt und unsere sprachliche Ausdrucksfähigkeit.

Das sechste Chakra ist das *Stirnzentrum,* das sich über

der Nasenwurzel befindet und das so genannte dritte Auge öffnet. Hier sind Intuition und Hellsehen beheimatet. Es nimmt Einfluss auf die Hirnanhangdrüse, die ihrerseits alle Drüsen reguliert und damit das Kontrollzentrum für Körper und Geist ist.

Das siebte und höchste Chakra ist das *Kopf- bzw. Scheitelzentrum*. Es befindet sich auf der Kopfmitte, dient der Bewusstseinserweiterung und verbindet uns mit den kosmischen Energien. Es beeinflusst die Zirbeldrüse und somit das Wachstum.

Wichtige *Nebenzentren* befinden sich in den Handflächen und in der Mitte der Fußsohlen. Hier enden die Energiekanäle des Körpers. Die Abgabe und Aufnahme von Energien und die Verbindung geistiger Kräfte mit der materiellen Existenz stehen hier im Vordergrund.

Jedes dieser Energiezentren erfüllt also eine eigene Aufgabe. Edelsteine, die einer einem bestimmten Chakra zugeordneten Grundfarbe entsprechen, können die Funktion dieses Zentrums positiv unterstützen oder seine Schwingungen wieder in Einklang bringen.

Grundfarben der Chakras

Den einzelnen Energiezentren sind folgende Grundfarben und Edelsteine zugeordnet:

Chakra	*Grundfarbe*	*Edelsteine*
Basiszentrum	Rot	Jaspis, Hämatit, Granat, Rubin, roter Achat
Sakralzentrum	Orange	Karneol, Feueropal, Padparadscha
Solarplexus-zentrum	Gelb bis Goldgelb	Bernstein, Tigerauge, gelber Edeltopas, gelber Turmalin, Citrin
Herzzentrum	Grün und Rosa	Chrysolith, Malachit, Jade, Smaragd, Moosachat, Turmalin, Koralle, Rosenquarz
Halszentrum	Hellblau und Grünlich-Blau, auch Silber	Türkis, Opal, Perle, Mondstein, Aquamarin

Chakra	Grundfarbe	Edelsteine
Stirnzentrum	Dunkelblau, auch Gelb	Sodalith, Lapislazuli, Azurit, Saphir
Kopf- bzw. Scheitelzentrum	Violett und farblos, auch Weiß	Amethyst, Diamant, Bergkristall
Handflächen		Bergkristall
Fußsohlen		Turmalin, Schneeflockenobsidian

Der Bergkristall eignet sich zur Reinigung und Aktivierung aller Chakras.

Die Suche nach Chakrablockaden

Edelsteine eignen sich auf Grund ihrer feinen und dennoch kräftigen Schwingungen ideal zur Behandlung von Chakrastörungen oder zur Belebung und Aktivierung der Chakras. Eine der Voraussetzungen zur Behandlung der Energiezentren ist eine entspannte Atmosphäre. Hierzu können Sie Kerzen oder Duftlampen entzünden, sanfte Musik spielen, vor der Behandlung ein beruhigendes Bad nehmen oder eine entspannende Massage durchführen.

Nicht immer liegt die Ursache dort, wo eventuell Schmerzen auftreten. Es ist daher wichtig, nicht nur die Symptome zu behandeln, sondern zum Ursprung der Beschwerden vorzudringen.

Pendelmethode

Um herauszufinden, welche Chakras sie behandeln müssen, können Sie ein Pendel zur genauen Lokalisierung heranziehen. Das Pendel kommuniziert mit Ihrem Unterbewusstsein und Ihr Unterbewusstsein registriert genau, was sich bei Ihnen oder Ihrem Patienten im Ungleichgewicht befindet.

Am besten eignet sich ein reiner Bergkristall mit einer klaren Spitze, den Sie an einer Kette oder einem Faden befestigt haben. Sie können aber auch Ihr Lieblingspendel benutzen.

Um herauszufinden, wann das Pendel Ja und wann es Nein meint, fragen Sie es ganz einfach: »Wo schlägst du hin, wenn du Ja meinst« und: »Wo schlägst du hin, wenn du Nein meinst.« So kann beispielsweise eine kreisförmige Bewegung gegen den Uhrzeigersinn »Ja« heißen und ein geradliniger Ausschlag »Nein«. Hier hat jedes Pendel seine Eigenart.

Am Ende der Pendellesung haben Sie nun für jedes Chakra eine Antwort. Die Gesamtliste könnte nun z. B. so aussehen:

Chakra	Behandlung	Aktivierung
Basis	ja	–
Sakral	nein	ja
Solarplexus	nein	nein
Herz	ja	–
Hals	nein	nein
Stirn	ja	–
Scheitel	nein	ja

Führen Sie zuerst die Behandlung der betreffenden blockierten oder gestörten Chakras mithilfe von Bergkristallen oder einem dem Chakra zugeordneten Edelstein durch. Entspannen Sie sich danach eine Weile und fahren Sie dann mit der Belebung und Aktivierung der anderen Chakras fort.

Nach jeder Behandlung sollten Sie die Steine reinigen, da sie viel negative Energie aufgenommen haben.

Tarotmethode

Eine weitere Möglichkeit zum Aufspüren von Chakrablockaden ist das Auslegen von Tarotkarten. Wenn Sie mit Tarotkarten arbeiten wollen, sollten Sie sich am besten ein Kartenspiel mit einfacher Symbolik suchen. Wenn sie bislang keine Erfahrungen mit Tarot haben, besorgen Sie sich ein Buch dazu, das die Vorgehensweise erklärt.

Das »Chakralesen« mithilfe des Tarot gibt in erster Linie Auskunft über die Funktion jedes der sieben Hauptchakras. Sie werden mit den Karten besondere Stärken, aber eben auch Störungen leichter herausfinden können.

Vorgang des Chakralesens:
Alle Karten des Tarotspiels werden gut gemischt und im Fächer verdeckt ausgelegt. Die Person, für die gelegt werden soll, zieht nun für jedes Chakra eine Karte und legt sie von unten nach oben aus (siehe Abbildung). Die erste Karte steht für das Basischakra, die zweite für das Sakralchakra usw.

Beim Ziehen der Karte sollte sich der oder die Betreffende auf das entsprechende Chakra konzentrieren. Nachdem für jedes Chakra eine Karte ausgelegt ist, werden die Karten nacheinander aufgedeckt und deren Aussagen in Bezug auf die Chakraebenen untersucht.

Behandlung einzelner Chakras

Für die Behandlung der Chakras werden die Edelsteine ausgewählt und gereinigt und damit aufgeladen. Ihr Patient legt sich entspannt auf den Boden, Sie können eine Decke unterlegen oder ihn damit zudecken. Legen Sie nun den entsprechenden Edelstein auf das Chakra (die Steine für das erste und das siebte Chakra auf den Boden). Halten Sie beide Hände nebeneinander über den Stein und visualisieren Sie ein positives Licht (in Form eines Lichtstrahls), das durch Ihre Hände auf den Stein trifft und auf die vom Chakra angesprochenen Körperregionen ausstrahlt. Konzentrieren Sie sich ganz auf Ihren Patienten und auf den Wunsch, ihm zu helfen. Wie lange Sie jedem Chakra die »Hand auflegen« ist verschieden und richtet sich nach der Schwere der Blockade oder Störung. Sie werden genau spüren, wann es genug ist, und sich dem nächsten Energiezentrum zuwenden oder, bei nur einem Chakra, die Behandlung beenden können. Nachdem Sie die Steine wieder vom Körper entfernt haben, bleibt der Patient noch eine Weile liegen und lässt die Schwingungen nachwirken.

Wenn Sie die Behandlung bei sich selbst durchführen, brauchen Sie die Hände nicht über den Edelstein zu halten. Konzentrieren Sie sich dann intensiv auf die Körperregion, die das Chakra anspricht, und visualisieren Sie ein Licht, das den Stein durchdringt und in die Körperregion ausstrahlt.

Belebung und Aktivierung aller Chakras

Zur Belebung und Aktivierung aller Chakras legen Sie oder Ihr Patient sich auf den Boden bzw. auf eine Decke und verteilen die ausgewählten Edelsteine auf die entsprechenden Energiezentren. Die Steine für das erste und das siebte Chakra legen Sie auf den Boden. Wenn die Steine eine Spitze haben, sollte diese auf das Chakra zeigen. Sie können sich oder den Patienten auch mit einer Decke zudecken. Lassen Sie die Schwingungen 15 bis 20 Minuten auf Körper und Geist wirken.

Nachdem Sie die Steine wieder von Körper entfernt haben, bleiben Sie bzw. Ihr Patient noch eine Weile ruhig liegen und lassen die Schwingungen nachwirken.

Arbeiten mit Edelsteinen

Über die direkte Arbeit mit den Steinen hinaus kann man auch Edelsteinelixiere bzw. Edelsteinwässer und Edelsteincremes herstellen. Außerdem kann man Edelsteine zum »Kristallsehen« verwenden.

Herstellung von Edelsteinelixieren bzw. Edelsteinwässern

Die Herstellung und der Gebrauch von Edelsteinelixieren ist so alt wie die Verwendung von Edelsteinen zu Heilzwecken selbst. Genau wie die Edelsteinbehandlung an sich, ist auch der Gebrauch von Elixieren nicht als Ersatz für eine andere Behandlungsmethode gedacht, sondern soll den Heilungsprozess nur unterstützen und beschleunigen.

Für die Herstellung von Edelsteinelixieren benötigen sie folgende Materialien:
• Glasschüssel (feuerfest, ca. ½ l Fassungsvermögen)

- Glasfläschchen (ca. 20 ml Fassungsvermögen, möglichst gleich mit Pipette)
- Glastrichter (zum Umfüllen der Flüssigkeit)
- Klebeetiketten zum Beschriften
- Auswahl von Edelsteinen

Die Glasschüsseln sollten möglichst ungebraucht sein und nur zur Herstellung von Elixieren verwendet werden. Vor jedem Gebrauch müssen die Gefäße durch Kochen in einem Keramik- oder Glastopf sterilisiert werden. Verwenden Sie hierzu keine Metalltöpfe. Die Edelsteine sollten möglichst nicht geschliffen oder poliert sein und müssen vorher von negativen Energien gereinigt werden.

Bis auf das Mondsteinelixier können alle Elixiere am Tag hergestellt werden. Das Mondsteinelixier sollten Sie dagegen bei Nacht oder am späten Abend zubereiten. Hierbei müssen Sie auch die Mondphasen (zunehmender oder abnehmender Mond) beachten, da diese einen direkten Einfluss auf die Wirkung des Elixiers haben (Näheres unter Mondstein, Seite 94).

Für die Herstellung von Edelsteinelixieren gibt es zwei Methoden. Mit diesen können Sie eine Uressenz herstellen. Zur Anwendung geben Sie ein bis zwei Tropfen dieser Uressenz auf ein Glas frischen Wassers und trinken es oder tränken damit ein Tuch und verwenden es als Kompresse.

Bei akuten Schmerzen und wenn Sie nicht gerade das benötigte Elixier besitzen, können Sie zur Linderung den entsprechenden Edelstein auch für ca. 15 Minuten in ein Glas Wasser legen und es anschließend trinken. Sie können auch den Edelstein direkt in den Mund legen (z. B. bei Zahnschmerzen) und einige Zeit lutschen.

Sonnenmethode

Legen Sie den Edelstein Ihrer Wahl für etwa eine Stunde ins Sonnenlicht, um seine positiven Energien zu aktivieren. Geben Sie den Stein dann in die mit destilliertem Wasser oder Wasser ohne Kohlensäure gefüllte Glasschüssel. Stellen Sie die Schale am besten ins Freie auf die Erde oder auf eine natürliche Fläche (z. B. Holz oder Keramik) und setzen Sie sie für ca. zwei Stunden dem Sonnen- bzw. Tageslicht aus. Füllen Sie danach die Flüssigkeit in ein Glasfläschchen um und beschriften Sie es.

Kochmethode

Legen Sie den ausgewählten und gereinigten Edelstein in eine Glasschüssel mit destilliertem oder kohlensäurefreiem Wasser. Erhitzen Sie das Ganze dann ca. 10 bis 15 Minuten (nicht kochen). Lassen Sie die Flüssigkeit abgedeckt mit einem Tuch erkalten und füllen Sie sie anschließend in das Glasfläschchen um. Danach wird die Flasche etikettiert und beschriftet.

Herstellung von Edelsteincremes

Um eine Edelsteincreme herzustellen, geben Sie einfach den Edelstein über Nacht oder für mehrere Tage in die Creme.

Wahrsagen mit Edelsteinen (Kristallsehen)

Verwenden Sie für diese alte Orakelmethode einen ungeschliffenen Kristall. Am besten eignen sich hierfür alle durchsichtigen Kristalle, wie z. B. Bergkristall, Rauchquarz oder Amethyst. An der Frage, ob der verwendete Kristall rein bzw. klar sein muss oder Einschlüsse, Wolken oder Luftbläschen aufweisen darf, scheiden sich die Geister. Probieren Sie am besten beides aus und entscheiden Sie dann für sich persönlich, welche Art von Kristall Sie zum Sehen verwenden wollen. Ich benutze z. B. einen Bergkristall, der im unteren Teil trübe und wolkig und im oberen Teil klar ist. Manchmal verwende ich auch einen kleinen, ungeschliffenen und relativ durchsichtigen Amethyst.

Beim Kristallsehen ist es allgemein besser, den Stein in der Hand zu halten, als ihn auf dem Tisch oder auf dem Boden zu platzieren. Sie stellen so eine enge Bindung zu ihm her und können ihn direkt in Augenhöhe halten.

Berühren Sie den Stein aber möglichst nicht direkt, sondern legen Sie sich ein Tuch in die Hand, in der sie den Stein halten. Sollten durch Lichteinfall störende und blendende Reflexionen entstehen, drehen Sie den Kristall so lange, bis diese Lichtspiegelungen beseitigt sind.

Entspannen Sie sich, atmen Sie gleichmäßig, ruhig und bewusst. Schalten Sie alle störenden Gedanken aus. Sehen Sie nun in den Kristall, indem Sie einen ganz bestimmten Punkt fixieren. Wenn sich eine Vision ankündigt, wird der Stein eventuell trübe oder milchig. Manche Seher nehmen aber auch Farben oder gar Töne wahr. Dieser Zustand dauert meist nur kurze Zeit und macht bald der Vision Platz. Bleiben Sie auf jeden Fall auch jetzt in Ihrem entspannten Trancezustand. Angst vor Misserfolg, Anspannung, Nervosität und jede Art von störenden Gedanken unterbrechen die Trance und vertreiben die sich ankündigende Vision.

Vielleicht sehen Sie die Vision nicht direkt im Kristall, sondern vor Ihrem geistigen Auge. Probieren Sie einfach aus, was passiert, wenn Sie die Augen schließen. Achten Sie auch auf scheinbar unwichtige Details, nicht alle Visionen sind beeindruckend oder gar spektakulär.

Die Deutungen von Visionen sind keinem Schema oder gar Regeln unterworfen. Allerdings gibt es allgemeine Faktoren, die die Deutung erleichtern. So beziehen sich z. B. Bilder im Vordergrund auf die Gegenwart oder nahe Zukunft, Bilder im Hintergrund auf die Vergangenheit oder ferne Zukunft. Unklare Bilder weisen entweder darauf hin, dass der Fragende nicht weiß, was er wirklich will, oder vom Willen anderer stark beeinflusst werden kann. Es kann aber auch möglich sein, dass in dieser Angelegenheit Faktoren eine Rolle spielen, die der Fragende nicht kennt oder nicht selbst bestimmen bzw. beeinflussen kann.

Die Edelsteine von A bis Z

— ◊ —

Achat

Der Achat (Härte 6½–7) mit seinen vielen Untergruppen gehört zur Quarzfamilie. Er zählt wie der Karneol, der Onyx und die verschiedenen Jaspisarten zu den Chalcedonen. Der Name Achat stammt vom Fluss Achates auf Sizilien. Es handelt sich ursprünglich um Kieselsäuretropfen, die auf Lava schwammen, wie Öl auf Wasser. Sie sind vermutlich bei einer Temperatur unterhalb 575 Grad in Hohlräumen von Lavagesteinen entstanden. Die genaue Entstehung dieser Steine konnte wissenschaftlich noch nicht endgültig geklärt werden.

Achate sind äußerst vielfältig in Form und Farbe. Steine, deren Schichten die Außenwände nachzeichnen, bezeichnet man als Festungsachate. Augenachate zeigen kreisförmige Strukturen. Moosachate enthalten grünliche Chloriteinlagerungen, die oft mit rötlichen Eisenoxydteilchen versetzt sind. Landschaftsachate zeigen, wie der Name schon sagt, rote und gelbe landschaftsähnliche

Zeichnungen. Hier ist der Untergrund, im Gegensatz zum Landschaftsjaspis, durchsichtig. Beim Dendritenachat sind durch Einschlüsse von Eisen- oder Manganlösungen Muster wie Pflanzen und Bäume entstanden.

Rote und braune Naturfarben sind seltener als graue, noch seltener sind schwarze, grüne, blaue und rosa Achate, die daher oft durch Färbung hergestellt werden. Brasilianische Achate werden durch Oxydationsprozesse schwarz (Onyx), rot (Karneol) oder braun (Sarder, siehe Onyx, Seite 96) gefärbt. Rote, braune und gelbe Farben entstehen durch Eisenoxyd bzw. Eisenhydroxyd. Die seltenen grünen und blauen Töne werden durch zweiwertiges Eisen hervorgerufen.

Aus Brasilien und Uruguay kommen meist graue oder braune, aus der Umgebung von Idar-Oberstein meist zartrosa, graue oder braune Steine. Weitere Fundorte sind Madagaskar, Indien, das Rheinland und Sachsen.

Im Inneren des Achatmantels findet man häufig gut entwickelte Kristalle anderer Quarzgesteine wie z. B. Bergkristall, Amethyst, Rauchquarz und Hämatit.

Verwendung finden Achate als Siegelsteine, Gemmen, Gefäße, Schmuck, Knöpfe, Briefbeschwerer, Aschenbecher, Tier- oder Schachfiguren. Im Sudan werden sie, aufgezogen auf Fäden, als Zahlungsmittel verwendet.

Der Achat lindert Infektionen durch Insektenstiche und fördert allgemein die Selbstheilungskräfte des Körpers. In den Mund gelegt, senkt er anhaltendes Fieber und lindert das durch das Fieber entstehende Durstgefühl. Bei Augenleiden legt man den Achat einige Stunden bei Sonnenschein in Wasser und tränkt damit Augenkompressen. Bei Hautausschlag wird der Achat einige Stunden in eine lindernde Salbe gelegt und diese anschließend auf die betroffenen Stellen aufgetragen. Bei Kopfschmerzen reibt man den handwarmen Stein einige Minuten über Stirn und Schläfen, um den Schmerz zu lindern.

Besonders weißliche Achate helfen, in den Mund gelegt, bei Entzündungen im Mundraum und bei Zahnschmerzen. Rötliche Achate helfen, auf den Unterleib gelegt, bei starken Monatsblutungen.

Der Achat stärkt die Fortpflanzungsorgane. Für werdende Mütter ist besonders der Festungsachat zu empfehlen. Er schützt sie und das Kind und nimmt ihnen die Angst und Unsicherheit. Nach der Geburt fördert er die Milchbildung.

Allgemein steigert der Achat die Ausdauer und wirkt ausgleichend im Gefühlsbereich. Bei Herzbeschwerden und Angstgefühlen hält man einen hellen Achat in der linken Hand oder legt ihn auf das Herz. Als Talisman zieht er Zuneigung und Freundschaft an. In Indien, Nepal und Tibet dienen Perlen aus Achat als Amulette, die Kraft und Glück bringen und ein langes Leben versprechen.

Amethyst

Der Amethyst (Härte 7) ist neben dem Aquamarin einer meiner Lieblingssteine. Er ist von hell- bis dunkelvioletter Farbe und gehört zu den Quarzen. Für die verschiedenen Färbungen sind Substanzen wie Eisen, Mangan, Titan, Rhodaneisen und Natrium verantwortlich. Die Griechen schätzten diesen Stein sehr und verzierten ihre Trinkbecher gern mit ihm, um sich vor Trunkenheit zu schützen. Sein Name leitet sich vom griechischen »amethyein« (nicht betrunken sein) ab. Beim Erhitzen auf 575 bis 750 Grad werden Madagaskar- und Bahai-Amethyste farblos, andere gelblich oder bräunlich (Citrin). Weitere Fundorte sind Brasilien, Uruguay und der Ural. Durch ständiges Tragen in hellem Licht kann der Amethyst verblassen.

Es werden manchmal große Massen von Amethysten gefunden, die sich aber nur selten als Schmucksteine eignen. Ein Amethyst mit einem Gewicht von 100 Kilogramm wurde 1928 in Brasilien entdeckt.

Der Amethyst ist für unsere hektische Zeit ein besonders wichtiger Stein, denn er unterstützt einen erholsamen, heilenden Schlaf. Er lindert Angstgefühle, Hysterie und Neuralgien (Nervenleiden).

Durch seinen Anteil an Eisen und Mangan reinigt er die Blutgefäße und hilft als Creme gegen Hautprobleme. Legen Sie ihn hierzu eine Nacht in eine milde Creme und tragen Sie diese anschließend aufs Gesicht auf. Amethystwasser lindert Beschwerden der Bauchspeicheldrüse. Der

Stein hilft bei Blutkrankheiten und wirkt kühlend auf Brandwunden.

Der Amethyst verleiht Klarheit, spirituelles und schöpferisches Denken, Demut, Menschlichkeit und Freundschaft. Menschen, die blind einem spirituellen Führer folgen, kann der Amethyst helfen, den eigenen spirituellen Weg zu finden und sich von geistigen Zwängen zu befreien. Er unterstützt bei Problemlösungen und bei der Meditation, da er die Hellsichtigkeit fördert. Die Bischöfe der christlichen Kirche tragen Amethystringe. Die Buddhisten haben diesen Stein Buddha geweiht. Als Talisman an einer Kette um den Hals getragen, hält er Wirkungen von Zauber und Magie ab.

Aquamarin

Der hellblaue bis grünliche Aquamarin (Härte 7½–8) gehört zur Familie der Berylle. Er setzt sich aus Beryllium, Aluminium, Silicium und Sauerstoff zusammen. Der Stein hat eine sehr gleichmäßige Farbgebung. Fehlerlose Steine kommen öfter vor als beim grünen Smaragd. Fundorte sind Brasilien, Madagaskar, Südwestafrika und der Ural. Der größte je gefundene Stein wog 221 Kilogramm, war 48,5 cm lang und 41 cm dick.

Augenkompressen mit Aquamarinwasser stärken die Sehkraft, lindern Augenentzündungen und helfen bei Hautallergien. In kleinen Schlucken getrunken lindert das Wasser Magen- und Leberdruck und wirkt allgemein entkrampfend. Zahn- und Halsschmerzren werden durch Mundspülungen mit Aquamarinwasser gelindert. Bei starken Zahnschmerzen kann man ihn direkt in den Mund legen. Weiterhin lindert er Atemwegserkrankungen wie Husten, Halsschmerzen, Asthma und lässt Schwellungen der Drüsen zurückgehen.

Er verhilft zu häuslichem Glück, Frieden und Liebe, Verständnis, Toleranz und Ausgeglichenheit im Gefühlsbereich. Er ist Sinnbild für Reinheit, Enthaftung und Selbstlosigkeit. Der Aquamarin macht freudig, gibt Hoffnung in ausweglos erscheinenden Situationen und hilft gegen schlechte Träume. Er ermöglicht es seinem Träger, auch in schwierigen und belastenden Situationen nicht die Zuversicht zu verlieren und seinen logischen Menschenverstand einzusetzen. Einen Menschen, der nur an Dinge glaubt, die er sehen, hören oder fühlen kann, lässt er die Ablehnungshaltung gegenüber allem, was nicht in diese Kategorie fällt, erkennen und überwinden.

Auch als Meditationsstein und zum Kristallsehen eignet sich der Aquamarin auf Grund seiner beruhigenden und entspannenden Ausstrahlung sehr gut. Auf Grund seiner schönen blauen oder blau-grauen Farbe gilt er seit alters als Talisman für Seefahrer, die er vor Stürmen beschützt.

Aventurin

Der Aventurin (Härte 7) ist eine Quarzart und hat meist einen vielfarbigen, metallischen Schimmer zwischen braun-rot, gelb, grün und weiß; seltener sind blaue Farben. Der metallisch glänzende Flimmer entsteht durch eingelagerte Metallblättchen. Die rote Färbung wird durch Hämatitblättchen, die grüne durch Fuchsitglimmer hervorgerufen.

Der Aventurin wird hauptsächlich in Brasilien, Sibirien, Indien, Tansania und im Ural gefunden.

Obwohl der Aventurin ein wunderschöner Stein ist, der sich in früheren Zeiten besonders in China großer Beliebtheit erfreute, ist über seine Heilwirkungen kaum etwas bekannt. Er hilft, als Kette getragen, gegen Herzbeschwerden. Bei nässenden Hautausschlägen legt man Kompressen aus Aventurinwasser auf oder stellt eine Aventurincreme her und bestreicht damit die betroffenen Hautpartien.

Der Stein gibt Gelassenheit, Ruhe, Heiterkeit und Geduld. Er steigert Ausgeglichenheit und Ausdauer. Als Talisman getragen fördert er Idealismus und Toleranz.

Bergkristall

Die transparenten und farblosen Quarzkristalle werden als Bergkristalle (Härte 7) bezeichnet. Es wurden Flüssigkeitseinschlüsse von Kohlensäure, Wasser und Kochsalzlösungen nachgewiesen. Man findet auch aufgewachsene Chloritblättchen, Hornblenden und eine Reihe anderer Mineralien als Einschlüsse. Fundorte sind Brasilien, Madagaskar, Japan, die Schweiz und der Ural.

Verwendet werden Bergkristalle unter anderem als Ringe, Ketten und Halsketten. In Japan werden so genannte Götterkugeln zu magischen Zwecken hergestellt. Von Wahrsagern werden reine Kugeln aus Bergkristall zur Zukunftsdeutung benutzt. Er gehört in fast allen Religionen zu den heiligen Steinen. Bei den Maya wurden aus Bergkristall lebensgroße Nachbildungen menschlicher Schädel geschnitten, die beim Kontakt mit den Göttern und der Unterwelt helfen sollten.

Varietäten sind z. B. Rosenquarz (zartrosa durch Mangan), Rauchquarz (rot-braun), Morion (sehr dunkel, fast schwarzer Rosenquarz) und der Regenbogenquarz, der in Folge natürlicher Risse in seinem Inneren durch Lichteinwirkung in allen Farben schimmert.

Der Bergkristall hilft bei Fehlfunktionen der Schilddrüse, Durchfall und Schwindelgefühl. Er stillt Blutungen, beruhigt und harmonisiert. Sonnenwarm auf die Augen gelegt, lindert er Sehschwächen und Entzündungen der Augen. Er beseitigt Chakrablockaden, unterstützt den Gleichgewichtssinn, hilft bei Hautausschlag und Wassersucht.

Der Bergkristall fördert Harmonie, Kreativität und Erkenntnis. Er wirkt ausgleichend auf Körper und Seele und ist ein guter Stein zu Unterstützung bei der Meditation und beim Wahrsagen, da er die Vorstellungskraft und die Intuition anregt. Seine Transparenz und Farblosigkeit steht für Reinheit und bewirkt die Tranparenz von Herz und Seele. Bei anstehenden Entscheidungen wirkt er klärend auf die Situation und ermöglicht einen klaren Blick auf die eigenen Ängste und Hoffnungen. Als Talisman zieht er das Glück an und sorgt für erholsamen Schlaf und gute Träume.

Der Rauchquarz kann sehr depressiv auf seinen Träger wirken und wird daher häufig als Trauerstein getragen. Aber auch in dieser Situation hilft er dem Träger, indem er die Trauerarbeit unterstützt und fördert.

Der Rosenquarz ist auf Grund seiner zarten Farbe ein guter Stein für junge Mädchen. Er schenkt ihnen Glück in der Liebe.

Der Bergkristall ist ein Stein, der eigentlich in keiner Sammlung fehlen sollte. Egal, ob Sie ihn als Talisman tragen, zur Behandlung von Chakrablockaden oder zum Kristallsehen verwenden, er wird Ihnen gute Dienste leisten.

Bernstein

Der Bernstein (Härte 2½–3) ist ein fossiles Harz, das durch Harzausfluss von Bäumen auf natürliche Weise entstanden ist. Es gibt ihn in allen Tönen und Farbtiefen von Gelb, gelegentlich auch in Orange und Braun, sehr selten in Blau und Grün. Rote und tiefbraune Töne haben sich durch Oxydation im Lauf der Zeit entwickelt. Der Bernstein kommt mit Einschlüssen von Luft, Gasblasen, Schwefelkies, Holzmehl, Holzstücken, Koniferennadeln und Insekten vor. Bei 170 Grad wird der Stein weich und bei 250 bis 390 Grad schmilzt er. Steine, die eine unregelmäßige Struktur aufweisen, reagieren sehr empfindlich auf Alkohol, Benzin, Säuren und Laugen. Bernsteinringe sollte man daher beim Spülen oder beim Arbeiten mit anderen aggressiven Stoffen immer ablegen.

Reibt man den Bernstein mit einem Tuch, tritt eine starke negative elektrische Ladung auf, mit deren Kraft der Stein feine und leichte Stoffe, wie z. B. Papierschnitzel und Asche, anziehen kann.

Bernstein wird auf Sizilien, in Birma, Santo Domingo, Litauen, Ostpreußen und Rumänien gefunden. Der größte je gefundene Stein wog ungefähr 24 Kilogramm.

Bernstein hilft bei Halsschmerzen, Angina, Bronchitis, Mandelentzündungen, Fieber, Ohrenschmerzen und Augenleiden. Er lindert Asthma, Gallenbeschwerden und fördert die Harnausscheidung. Er wirkt allgemein reinigend und schmerzstillend, wenn man ihn auf die schmerzende Stelle legt. Der Bernstein reguliert die Drüsenfunktionen, hilft bei Infektionen, Leberbeschwerden und Gürtelrose.

In alter Zeit wurden Bernsteinketten zur Schwangerschaftsverhütung um die Hüften getragen. Heute sollte man allerdings besser auf modernere Methoden zurückgreifen. Im Mittelalter verwendete man ein Gemisch aus zerstoßenem Bernstein, Wacholder und Piniennadeln als Räucherung.

Bernstein fördert das allgemeine Wohlbefinden, gibt Kraft und Weisheit, hilft im materiellen Bereich und unterstützt die Meditation. Als Talisman zieht er Kraft und Ruhe an. Genau wie der Türkis warnt er seinen Träger vor Unheil und Krankheit, indem er grau oder matt wird.

Chalcedon

Der Chalcedon (Härte 6–7) gehört zu den Quarzen und ist zumeist mattweiß oder milchweiß, manchmal auch bläulich und ähnelt dann dem Mondstein. Der Stein ist leicht zu färben, da er Hohlräume (Bläschen oder Kanäle) besitzt, in die man Farblösungen geben kann. Gleichzeitig ist Chalcedon eine Gruppenbezeichnung. Varietäten sind Chrysopras (grün gefleckt), Karneol (rot), Sarder (rotbraun bis braun), Moosachat, Moosjaspis, Mückenstein, Baumstein und Blutjaspis (Heliotrop). Fundorte befinden sich in Brasilien, Südwestafrika, Madagaskar, USA, Uruguay, Indien, Sri Lanka, Syrien, Island und Sibirien.

Der Chalcedon fördert die Milchbildung bei stillenden Müttern, hilft bei Halsschmerzen und stillt Blutungen. Er senkt Fieber, lindert Halsentzündungen und Kehlkopfbeschwerden.

Er zügelt das Temperament seines Trägers, mindert Depressionen und Nervosität, vermindert Jähzorn und Reizbarkeit, hilft bei Redehemmungen, indem er die Ausdruckskraft unterstützt, und verleiht Gelassenheit und Selbstbeherrschung in schwierigen Situationen.

Tragen Sie bei Verhandlungen oder Besprechungen immer einen Chalcedon bei sich, entweder in der Hand oder an einer Kette um den Hals. Der Chalcedon wird Ihnen helfen, auch in schwierigen Situationen während der Besprechung eine entspannte Haltung beizubehalten und die Dinge mit sachlichen Argumenten zu Ihren Gunsten zu entscheiden. Mein Chalcedon hat bei meiner Arbeit an diesem Buch die meiste Zeit neben mir oder in meiner Hand verbracht. Als Talisman vertreibt er Illusionen, Wahnvorstellungen und Melancholie.

Chrysolith

Der Chrysolith (Härte 6½) wird auch Olivin oder Peridot genannt. Er besteht aus Magnesium-Eisen-Silikat, an das Magnesium und Eisen als Kieselsäure gebunden sind. Seine Farben reichen von Gelb-Grün über Moosgrün und Olivgrün bis Braun-Grün, wobei die Tiefe der Farbe durch den Eisengehalt bestimmt wird. Der Chrysolith wurde im Altertum fälschlicherweise oft für einen Topas und daher für sehr wertvoll gehalten. Der Stein wird hauptsächlich in Ägypten, Nordamerika, Norwegen, Australien und Mexiko gefunden. Am Roten Meer wird der Chrysolith bereits seit 1500 v. Chr. abgebaut.

Durch seinen Eisenanteil wirkt der Chrysolith kräftigend auf den Körper und das Immunsystem seines Trägers. Er hilft bei nervösen Spannungen und Entzündungen. Der Stein reguliert den gesamten Magen-Darm-Bereich, da er die Verarbeitung von Fetten, Kohlehydraten, Proteinen und anderen Nährstoffen unterstützt. Nach einem fetten und opulenten Mahl sollte man zur Anregung der Verdauung einen Chrysolith einige Zeit in den Mund nehmen oder Chrysolithwasser trinken. Sein Magnesiumanteil wird für eine gute Verdauung sorgen.

Er verleiht Frohsinn, gleicht belastende Gefühlszustände aus und erhöht die geistigen Fähigkeiten. Seine grüne Farbe verbindet seinen Träger mit der Natur. Als Ringstein an der linken Hand (Herzhand) getragen, lindert er Furcht, Melancholie und schützt vor negativen Angriffen.

Diamant

Der Diamant (Härte 10) ist der König der Edelsteine und der Einzige, der sich nur aus einem chemischen Element in reiner Form, nämlich kristallisiertem Kohlenstoff, zusammensetzt. Er ist durchscheinend und zumeist farblos. Die seltener vorkommenden Steine mit einer Tönung von Gelblich bis Schwarz sind äußerst gesucht. Der Diamant reagiert auf chemische Mittel unempfindlich, verbrennt aber unter Zufuhr von normaler Luft bei 850 Grad und von reinem Sauerstoff bei 720 Grad. Diamantenfundorte gibt es in Südafrika, Zentralafrika, Brasilien, Indien, Australien, Borneo und Venezuela.

Die Griechen nannten den Diamant wegen seine Härte

und anderen, teils mystischen Kennzeichen »adamas«, das heißt unbezwingbar. Der Diamant war im Altertum wegen seiner magischen Fähigkeiten und erst in zweiter Linie wegen seines Glanzes (der sich erst durch den im 15. Jahrhundert entwickelten Steinschliff richtig entfalten konnte) geschätzt. Der Diamantschliff wurde daher auch nicht nur im Hinblick auf ästhetische Ziele praktiziert. Sein Erfinder, der Belgier Louis van Berquem, glaubte an die Wirksamkeit von Edelsteinen als Talismane auf Grund ihrer »geheimen und wunderbaren Eigenschaften«. Offensichtlich wollte er der magischen und therapeutischen Strahlkraft des Edelsteins durch das Mittel des Schliffs zur höchstmöglichen Intensität verhelfen.

Die Farbskala des Diamanten ist wie folgt festgelegt:

Jager	feines Blau-Weiß
River	Blau-Weiß
Top Wesselton	feines Weiß
Wesselton	Weiß
Top Crystal	sehr, sehr leicht gelblich
Crystal	sehr leicht gelblich
Very light Brown	sehr leicht Braun
Top Cape	leicht gelblich
Cape	gelblich
Light Yellow	Hellgelb
Light Brown	Hellbraun
Yellow	Gelb

Einige der berühmtesten Diamanten sind der »Cullinan« (3106 Karat), der »Excelsior« (995,2 Karat), der »Präsident Vargas« (726,6 Karat), der »Jonker« (726 Karat), der »Jubilee« (650,8 Karat) und der saphirfarbene »Hope-Diamant« (44,5 Karat).

Der Diamant hilft bei Nierenleiden, Leberentzündungen und Blasenschwäche und unterstützt damit die Regenerationsprozesse im Körper. Er hilft bei Energiemangel und Antriebslosigkeit. Bei Gelbsucht und hohem Fieber trägt man ihn an einer Kette um den Hals. Diamantwasser zum Einreiben der betroffenen Stellen und getrunken bildet Schwellungen der Drüsen zurück.

Durch seine klare Form unterstützt der Diamant die Meditation. Er hilft bei Angstzuständen und macht Ursachen von Krankheiten bewusst. Er bringt Harmonie im Geist, Götternähe, positives Denken und positive Schwingungen. Er verleiht Selbstvertrauen, schützt allgemein die eigene Aura und bietet Schutz vor schwarzer Magie. Als König der Edelsteine gilt er als Symbol der Macht und Charakterstärke. Er wird der Braut oft als Verlobungsring geschenkt, da er als Unterpfand der Liebe, Treue und Versöhnung gilt.

Granat

Granat (Härte 7–7½) ist eine Gruppenbezeichnung und besteht aus Magnesium-Tonerde-Silikat. Die verschiedenen Färbungen entstehen durch Metalle wie Eisen, Mangan, Chrom und Titan. Oft findet man Einschlüsse von

Hornblendennadeln. Je nach Färbung kennt man die Steine unter verschiedenen Namen: Leukogranat (farblos), Almandin (blutrot mit Stich ins Violette), Rhodolith (rosa bis purpurrot), Grossular (gelb bis bräunlich-grün), Hessonit (hellgelb-rot), Andradit bzw. Demantoid (gelbgrün, bräunlich-grün bis schwarz), Spessartin (gelb-rot bis braun-rot), Uwarowit (grün), Melanit (schwarz) und Pyrop (rot mit Stich ins Schwarze). Der Pyrop kann durch Röntgen- oder Radiumbestrahlung rot gefärbt werden. Man bezeichnet ihn dann auch als »Feuerauge«. Fundorte für Granate sind Madagaskar, Südafrika, Australien, Sri Lanka, Indien, Arizona (USA) und Böhmen.

Der Granat lindert die Erregbarkeit von Nerven und Muskeln und wirkt dadurch entspannend und krampflösend. Er hilft bei Kreislaufbeschwerden, Anämie und lindert die Schmerzen bei Rheuma und Arthritis. Als Kette getragen, schützt er vor Ansteckung, Gelenkentzündungen und Hautkrankheiten. Er wirkt positiv auf die Fortpflanzungsorgane. Durch seine ausgleichende Wirkung auf Körper und Geist gibt er Lebensmut und Lebensfreude. Er fördert die Freundschaft und das Vertrauen in die eigene Intuition.

Der rote Granat symbolisiert wahre Liebe, Leidenschaft, Nächstenliebe, schöpferische Kraft, Mut und Stärke. Der grüne Granat vermindert Blähungen und wirkt allgemein herzkräftigend.

Der Granat sollte immer direkt auf der Haut getragen werden, damit er seine volle Kraft entfalten kann.

Hämatit

Der Hämatit oder Blutstein (Härte 5½–6½) ist von einem tiefen Braun- bis Schwarz-Rot und dem Magnetit verwandt. Grundlage des Steins ist kristallisiertes Eisenoxyd. Fundorte befinden sich in England, Indien, Schweden, Brasilien, Deutschland und den USA. Der Hämatit lässt sich gut gravieren und findet hauptsächlich Verwendung als Ringstein, Halskette oder Manschettenknopf.

Er wurde von einigen prähistorischen Völkern für zeremonielle Zwecke verwendet, die sein tiefrotes Pulver als Blut der Erdmutter verehrten. Aus demselben Grund wurde das Pulver auch bei den alten Chinesen, bei den Indianern und in Afrika zur rituellen Bemalung verwendet. Die Ägypter banden ihren Mumien Blutsteinamulette um den Kopf, um ihnen den Weg ins Jenseits zu erleichtern.

Der Blutstein regt, wie der Name schon sagt, die Blutbildung an, wirkt ausgleichend bei Menstruationsstörungen, hilft bei Blasen- und Nierenbeschwerden und wirkt allgemein kräftigend auf den Körper. Er hilft gegen Eisenmangel, Rückenschmerzen, Schlaflosigkeit, Herzrasen und Milzleiden.

Der Hämatit verbindet den Träger mit der Erde. Er symbolisiert Feuer, Blut, Liebe, Wachstum und das Prinzip des Lebens und ermöglicht eine stete Weiterentwicklung. Selbstlosen Menschen, die sich für andere aufopfern, hilft er ihre Grenzen zu erkennen und die eigenen

Bedürfnisse mehr zu beachten. Er stärkt den eigenen Überlebenswillen und gibt Kraft in ausweglos erscheinenden Situationen.

Eine Form des Hämatits ist der Aetit oder »Adlerstein«, der in einem großen nierenförmigen Hohlraum einen frei beweglichen Kern, das heißt einen anderen Stein einschließt. Er gilt als Talisman für Schwangere und erleichtert die Geburt, wenn er oberhalb des Knies getragen wird. Er verleiht physische Stärke und Mut. Als Kette getragen, hilft er gegen schädliche Einflüsse.

Jade (Jadeit)

Der Jade (Härte 6–7) kann weißlich, grünlich bis dunkelgrün, bisweilen auch rot, orange, gelb, blau bis violett sein, wobei der smaragdgrüne »kaiserliche Jade« besonders gesucht ist. Er ist mit dem Nephrit (»Nierenstein«) verwandt. Das Wort »Jade« leitet sich wahrscheinlich vom spanischen piedra de ijada, »Kolikstein« ab. Er setzt sich aus Natrium, Aluminium und Silicium zusammen. Auch beim Jade gibt es irreführende Namen. So ist z. B. »Russischer Jade« Nephrit und »Transvaal-Jade« Grossular. Da in früheren Zeiten fast die gesamte Jadeproduktion nach China transportiert wurde und erst von dort in den Welthandel gelangte, bezeichnet man den sehr wertvollen Jade aus Birma meist als »China«- oder »Yunnah-Jade«, obwohl in China selbst nie echter Jade gefördert wurde. Große Vorkommen liegen in Japan.

Bei den amerikanischen Ureinwohnern hatte der Jadeit eine große Bedeutung als Zauberstein und Ritualobjekt. Sie nutzten ihn als Amulett und Heilmittel gegen Nierenerkrankungen. Die Ureinwohner Neuseelands, die Maori, stellten aus ihm Amulette her, die die Fruchtbarkeit steigern sollen. Die Bibel bezeichnet ihn als edelsten unter den Steinen.

Der Jade erfrischt den Körper und stärkt das Herz. Jadewasser hilft durch seinen Aluminiumanteil bei Harnwegsbeschwerden, Blasenentzündungen und durch Abbau der Harnsäure auch bei Gicht. Als Kompresse lindert Jadewasser Seh- und Schlafstörungen und wirkt entspannend auf die Nerven. Der Stein senkt hohen Blutdruck und regt den Stoffwechsel an. Über die Schläfe gestrichen, hilft er bei Migräne. Sein Natriumanteil fördert die Entgiftung des Körpers, indem er die Nieren- und Lebertätigkeit anregt. Leber- und Magenbeschwerden werden durch die Einnahme von Jadewasser gelindert. Das Wasser beugt auch Koliken vor.

Der Jade ist ein guter Meditationsstein, da er die Gedanken erneuert und harmonisierend wirkt. Er schenkt Dankbarkeit und Freude an der Natur.

Jaspis

Der Jaspis (Härte 6½–7) gehört zur Gruppe der Chalcedone und besteht aus faserigen Quarzaggregaten. Durch eingelagerte Mineralsubstanzen treten verschiedene Färbungen wie Rot-Braun, Gelb oder Grün auf. Der Jaspis ist meist fleckig, streifig, geflammt oder ganz unregelmäßig gezeichnet. Je nach Färbung ist er unter verschiedenen Namen bekannt: Nielkiesel (braune Knolle), »Deutscher Lapis« (grau, kann durch Färbung eine blaue Tönung annehmen), Silex (braun bzw. rot gefleckt oder gestreift) und Bandjaspis (lagenförmige Struktur). Der so genannte Landschaftsjaspis weist eine braune, durch Eisenoxyd hervorgerufene landschaftsähnliche Struktur auf. Er ist im Gegensatz zum Landschaftsachat undurchsichtig.

Eine weitere, sehr bekannte Varietät des Jaspis ist der Heliotrop. Es handelt sich hierbei um einen grünen Stein mit roten Punkten. Der Heliotrop zeigt mitunter eine körnige Struktur mit eingelagerten grünen Chloritplättchen oder Körnern von Grünerde. Die roten Punkte bestehen aus Eisenoxyd. Fundorte gibt es in Australien, China, Afrika, Indien, den USA, im Ural, Rheinland und Baden sowie auf den Hebriden. Die Verarbeitung erfolgt hauptsächlich zu Ring- und Broschensteinen oder zu kunstgewerblichen Gegenständen.

Der Jaspis wirkt positiv auf Gehör- und Geruchssinn sowie auf die Fortpflanzungsorgane. Er ist Blut bildend und entgiftend, lindert Albträume und starke Blutungen. Er beugt körperlicher Auszehrung vor, hilft bei Eisenmangel, Gallenbeschwerden, Gicht, Ohrenschmerzen und Übelkeit während der Schwangerschaft. Der gelbe Jaspis hilft bei Darmbeschwerden wie Durchfall, Verstopfung und Krämpfen und stärkt das Immunsystem des Körpers.

Der grüne Jaspis wirkt entzündungshemmend und entgiftet den Körper.

Der rote Jaspis symbolisiert Erdverbundenheit, Weisheit und den Willen zum Guten. Er verleiht Klarheit im Denken und Handeln. Der gelbe Jaspis steht für Aktivität, Expansion, Idealismus und Geistigkeit. Er lindert Egoismus, fördert die Geduld und verstärkt das Durchhaltevermögen in schwierigen Situationen. Der grüne Jaspis hilft, sich selbst vor schädlichen Einflüssen zu schützen. Als Talisman hilft der Jaspis gegen Lampenfieber, Schüchternheit, mangelndes Selbstbewusstsein und Minderwertigkeitskomplexe.

Karneol

Der durchscheinende Karneol (Härte 6½–7) ist die rote bis rot-braune Varietät des Chalcedon. Es können aber auch Grüntöne vorkommen (Steine aus Bombay sind olivgrün). Die rote Farbe entsteht durch Eisenoxyd, die braune durch Eisenhydroxyd. Durch Brennen können braune Steine rot gefärbt werden. Die Grenzen zum braunen bis rot-braunen Sarder (siehe Onyx, Seite 96) sind fließend. Fundorte des Karneols liegen in Bombay, Brasilien, Uruguay, Nordafrika, Sibirien, Japan und Queensland (Australien). Diese Steine werden hauptsächlich zu Gemmen und kunstgewerblichen Gegenständen verarbeitet.

Der Karneol wirkt blutreinigend, verdauungsfördernd und hilft bei Nervenschmerzen und Kreislaufbeschwerden. Er lindert Rheuma und Leberleiden, fördert die Konzentration und Leistungsfähigkeit, verleiht Vitalität, Kreativität, Energie, lindert Zorn und fördert die allgemeine geistige Entwicklung. Durch seinen Eisenanteil fördert er die Aufnahme von roten Blutkörperchen ins Blut und regt damit die Sauerstoffversorgung des Körpers und die Durchblutung an. Gleichzeitig verstärkt er die Aufnahme von Nährstoffen im Verdauungstrakt.

Als Talisman fördert er Glück und dynamisches Handeln und gilt als mächtiger Schutz gegen schlechte Einflüsse. Er lindert mangelnden Realitätssinn und Mutlosigkeit. Er wirkt entspannend und vertieft die Meditation.

Katzenauge

Das Katzenauge oder Cymophan (Härte 8½) ist, ebenso wie das ihm verwandte Tigerauge (blau-grün) und das Falkenauge (goldfarben), eine Quarzart. Unter Katzenauge versteht man allgemein einen Stein, der beim Hin- und Herbewegen Lichtstreifen erkennen lässt. Am bekanntesten ist das Katzenauge des Chrysoberyll, das gelb bis grün-gelb ist und auf Sri Lanka, Madagaskar und in Brasilien gefunden wird. Es werden aber auch graue, durchscheinende Steine aus kristallinem Quarz in Indien, dem Harz und dem Fichtelgebirge als Katzenauge bezeichnet. Der Alexandrit ist eine Variante des Katzenauges, der bei Tageslicht smaragdgrün und bei Lampenlicht blau-rot erscheint.

Die alten Ägypter legten Katzenaugen in die leeren Augenhöhlen ihrer Mumien, damit sie den Weg in die andere Welt finden konnten. In Mexiko, Südostasien und Italien werden Katzenaugenamulette gegen den bösen Blick getragen.

Das Katzenauge wirkt allgemein kräftigend auf den gesamten Organismus, weshalb ihm die Eigenschaft zugeschrieben wird, ein langes Leben zu schenken. Es lindert Asthma, Darmkrämpfe und Gehörprobleme. Katzenaugenwasser hilft als Kompresse bei Augenleiden.

Es erweitert die eigene Sichtweise und führt zu Selbsterkenntnis. Dies gilt aber nur bei makellosen Steinen. Handelt es sich um einen fehlerhaften Stein, so weist er die gegenteiligen Eigenschaften auf.

Koralle

Die Koralle (Härte 3–4) gehört nicht zu den Mineralien, sondern zum Tierreich. Sehr lange wurde sie tatsächlich als Stein angesehen. Die Koralle entsteht dadurch, dass Polypen, winzig kleine Tierchen, eine Kalksubstanz ausscheiden und in den daraus entstehenden Korallenriffen leben. Die Korallen können bis zu 20 Kilogramm schwer werden, wobei die Äste dann nicht selten 4 bis 6 Zentimeter dick und 20 bis 40 Zentimeter hoch werden. Man findet Sie in einer Tiefe von 50 bis 200 Metern hauptsächlich im Mittelmeer, an der indischen Küste, im Golf von Biskaya, bei Madeira und Mauritius, den Kanarischen Inseln, dem Malaiischen Archipel und vor der Südwestküste Japans. Schwarze Korallen werden im Malaiischen Archipel, im Roten Meer und bei Westindien gefunden und stammen von einer anderen Tiergattung als die rote Koralle. Hierbei handelt es sich um Anthozoen mit tiefschwarzem oder dunkelbraunem Hornskelett.

Die rote Koralle hilft gegen Blutarmut, Depressionen, Mangelerscheinungen, wirkt beruhigend und ausgleichend auf das Herz und lindert Menstruationsbeschwerden. Sie fördert die Durchblutung und Entschlackung des Körpers und lindert Kreislaufbeschwerden. Sie verleiht Schönheit und Reinheit des Herzens, Liebe zu anderen und sich selbst sowie Harmonie. Die rosa Koralle erhöht die Flexibilität, die weiße Koralle vertreibt negative Gedanken, unterstützt den Knochenaufbau, kräftigt die Zähne und hilft bei Rachitis. Als Talisman fördert die Koralle Klugheit, Urteilskraft, Freude und vertreibt Melancholie. Als Amulett wehrt sie den bösen Blick ab und schützt vor bösen Mächten.

Lapislazuli

Der Lapislazuli oder Lasurstein (Härte 5–6) ist ein natürliches Felsgestein aus einem körnigen Aggregat von Lasurit, Kalkspat, Augit, Hornblende und Pyrit. Die schöne dunkle Farbe entsteht durch Ultramarinmoleküle. Auf Grund einer größeren Menge Kalkspat wird die Farbe blass, wobei der Stein durch Erhitzen etwas dunkler gefärbt werden kann. Eine grüne Farbe entsteht durch einen hohen Anteil von Schwefelkies. Die schönsten Lasursteine schwanken zwischen einem Dunkelblau und einem sehr blassen Hellblau, wobei sich die goldenen Pyritkörner deutlich abheben. Seltener gibt es grünlich-blaue, grün-violette oder rötlich-violette Färbungen. Verarbeitet werden diese hauptsächlich in Afghanistan, China und Birma vorkommenden Steine zu Siegelsteinen, Skarabäen, Ringen, Ketten, Tierfiguren, Mosaik- und Einlegearbeiten sowie zu anderen kunstgewerblichen Gegenständen. In früheren Zeiten wurde gemahlener Lapislazuli als Farbe verwendet.

Bei den Ägyptern war er einer der heiligen Steine, da seine blaue Farbe sie mit dem Himmel und dem Gott Amun verband. Die ägyptischen Richter trugen Lapis-amulette, in die das Wort »Wahrheit« graviert war, wenn sie Recht sprachen.

Der Lapislazuli lindert Kopfschmerzen, reinigt allgemein den Organismus und mindert Depressionen. Er hilft bei Stauungen im Kehlbereich, Entzündungen, Nervenschmerzen, Menstruationsbeschwerden, Bluthochdruck und fördert die Sehkraft. Er mildert Augeninfektionen, Ausschlag, Erbrechen, Gelbsucht, Herpes, Schwellungen und Blutkrankheiten. Er lindert Nervosität und Melancholie und hilft seinem Träger, die eigenen Grenzen zu erkennen. Der Lapislazuli schafft Idealismus, Intuition, Inspiration, Glaubensstärke, Offenheit und freundliche Gesinnung. Er fördert die Güte, den ehrlichen Charme und ist ein sehr guter Stein zur Meditation, da er Gedankenklarheit bringt und negative Einflüsse vertreibt. Als Talisman verheißt er Gesundheit, Freude und Heiterkeit. Wer ihn trägt, signalisiert einen ehrlichen Charakter, Offenheit und eine freundliche Gesinnung.

Magnetit

Der schwarze Magnetit oder Magnetstein ist ein Eisenerzmineral. Er wirkt sehr stark magnetisch anziehend, wenn man ihn mit einem Tuch vorsichtig reibt. Diese Anziehungskraft wirkt nicht nur bei Gegenständen, sondern überträgt sich auch auf den gefühlsmäßigen und mystischen Bereich. Fundorte für den Magnetit sind Frankreich, Finnland, Schweden, Südafrika, Deutschland, die USA und Russland.

Der Magnetit lindert Nervenschmerzen, Rheuma, Durchfall, Wassersucht und Leberleiden. Er wirkt blutreinigend und fördert die Zellfunktionen. Bei Lungenentzündung ist dieser Stein sehr hilfreich, da er das Fieber senkt und die Schmerzen lindert. Er hilft bei Atemlosigkeit, Hexenschuss, Nackenverspannungen und Rückenschmerzen. Er unterstützt die Zellbildung sowie die Heilung von Knochenbrüchen und Wunden.

Der Magnetit wirkt ausgleichend (Yin/Yang), schützend, vertieft Freundschaften und Liebe und gibt seinem Träger die Kraft, seine Wünsche zu erfüllen.

Malachit

Seine smaragd- bis dunkelgrüne Farbe verdankt der Malachit (Härte 3½–4) seinem Kupfergehalt. Er wurde schon im alten Ägypten als Schminke für die Augen und das Haar verwendet. Erhitzt man den Stein, entweicht Wasser und er wird schwarz. Fundorte liegen in Südwestafrika, Simbabwe, China, Australien, den USA, dem Ural, im Kongo und in Katanga.

Verarbeitet wird der Malachit hauptsächlich zu Broschen, Anhängern, Halsketten, Armbändern und kunstgewerblichen Gegenständen. Auf Grund seiner geringen Härte wird der Stein durch ständiges Tragen schnell matt und ist daher als Ringstein weniger geeignet.

Häufig findet man den Malachit in Verbindung mit dem tiefblauen Azurit, der bei den Navajoindianern und in Tibet als einer der heiligen Steine verehrt wird. Bei den Ägyptern war Hathor, die Göttin des Tanzes, der Musik und der Freude, Herrin des Malachits. In Deutschland trug man früher während der Schwangerschaft und Geburt Amulette aus Malachit, um Mutter und Kind vor negativen Einflüssen zu schützen.

Der Malachit entzieht dem Körper beim Auflegen negative Energien. Durch seine Kupferspuren, die sich in Wasser auflösen und Krankheitserreger abtöten, wirkt er entzündungshemmend. Der Malachit ist ein sehr guter Stein bei Menstruationsstörungen, da er krampflösend und entspannend wirkt. Er lindert Augeninfektionen,

Asthma, Herzkrämpfe, Juckreiz, Milzbeschwerden und fördert das Wachstum.

Der Malachit löst unterdrückte Emotionen und Chakrablockaden, fördert das Verständnis, die Konzentration und das Gedächtnis. Er ist ein sehr guter Stein für die Meditation, da er das spirituelle Wachstum fördert.

Als Talisman bringt er Intelligenz, Überzeugungskraft, Hoffnung und Erfolg.

Mondstein

Der Mondstein oder Selenit (Härte 6–6½) gehört zur Gruppe der Feldspate. Seine bläulich-milchig-weiße Farbe im geschliffenen Zustand wechselt mit den Mondphasen. Die Assoziation zum Mond ist daher nahe liegend. Der Mondstein wird hauptsächlich in Sri Lanka, Brasilien, Nordamerika, Australien, Birma, Tanganjika, Madagaskar und am St. Gotthard gefunden. Er wird zu Ringen, Anhängern, Ohrringen und Ketten verarbeitet.

Die Heilwirkungen des Mondsteins sind sehr stark von den Mondphasen abhängig. Er ist ein guter Stein bei Menstruationsstörungen und sollte besonders von Frauen getragen werden, die Kinder haben möchten. Der Mondstein regt die Zirbeldrüse an und reguliert somit den Hormonhaushalt. Dadurch fördert er nicht nur die Fruchtbarkeit von Frauen, sondern hilft auch nach der Entbindung oder in den Wechseljahren. Er lindert Wassersucht und unterstützt das Wachstum.

Bei zunehmendem Mond fördert er die Zellentwässerung, die Nierentätigkeit und hilft gegen Schwindsucht, lindert übersteigerte Erregung, bringt Klarheit in emotionale Konflikte und fördert die innere Harmonie. Bei abnehmendem Mond verleiht er Sensibilität, hellsichtige Fähigkeiten, Klarheit bei Entscheidungen und verstärkt die Vorstellungskraft.

Obsidian

Dieser geschmolzene Quarzstein oder »Lavaglas« (Härte 5), dessen Farbe zwischen rot-braun und schwarz variiert, ist ein Stein, der durch seinen dunklen Charakter unterschiedliche Energien ausstrahlen kann. In vielen Kulturen wurde er zu Beschwörungen oder zur Vertreibung böser Geister herangezogen. Die Azteken verwendeten ihn zur Herstellung magischer Spiegel und ihrer gefürchteten Pfeilspitzen. Mit seinen Splittern, die so scharf wie Glas sind, schnitten die Inkas das Herz ihrer Opfer heraus. Die Ägypter ritzten damit die Leichen vor der Einbalsamierung ein und die Juden und Muslime verwendeten ihn für die Beschneidung. In Mexiko fertigte man aus dem Obsidian Klingen, Speere, Pfeilspitzen und Ritualobjekte. Noch heute benutzen die mexikanischen Brujos (Hexen) Obsidiankugeln zum Wahrsagen. Bei den Navajoindianern gilt er als einer der heiligen Steine. Zur Schmuckherstellung wird meist der mit weißen Flecken durchsetzte Schneeflockenobsidian verwendet.

Der Obsidian wirkt schmerzlindernd, hilft bei Verspannungen und löst Energieblockaden. Er beschleunigt die Wundheilung und fördert die Durchblutung. Der Stein stärkt allgemein die Sehkraft und schärft das innere Auge. Er baut Hemmungen ab und fördert die Konzentration.

Der Obsidian hilft geistige Blockaden, die durch Angst oder Schock ausgelöst wurden, zu beseitigen und lindert mangelnden Realitätssinn.

Onyx

Der Onyx (Härte 6½–7) ist eine Varietät des Achats und gehört damit zur Gruppe der Chalcedone. Er ist in Lagen weiß oder schwarz und wird hauptsächlich in Brasilien, Südwestafrika und auf Madagaskar gefunden. Seine tiefschwarze Farbe wurde schon in alter Zeit künstlich durch Brennen hergestellt. Er wird oft in Gebetsketten verwendet und gilt auch als Stein der Meditation. Verarbeitet wird der Onyx zu Kameen, Siegelringen, Ketten, Broschen und Ringsteinen.

Der Onyx unterstützt den Knochenbau, die Blutbildung und die Tätigkeit der Bauchspeicheldrüse. Er hilft bei Augenleiden und stärkt das Herz. Außerdem wirkt er bei Konzentrationsmangel, Eiterungen und Ohrenschmerzen. Er fördert das Selbstbewusstsein und hilft bei mangelndem Durchsetzungsvermögen, regt das logische Denken an und verbessert die Kontrolle über das eigene Denken und Handeln.

Der Onyx ist etwas träge und muss daher lange getragen bzw. angewendet werden, bis seine Wirkung einsetzt.

Dominiert die Farbe Schwarz, symbolisiert der Onyx Härte, Furcht, Trauer und Tod. Er kann dann zu Schlaflosigkeit und Albträumen, Zwietracht und sogar zur Fehlgeburt führen. Überwiegt die Farbe Weiß, kehren sich diese Eigenschaften ins Gegenteil um.

Eine Varietät ist der rot-braune Sarder. Er reguliert den Kreislauf und stillt Blutungen. Wenn er mit Hautausscheidungen kranker Menschen in Berührung kommt, verfärbt er sich. Er schärft den Geist, vertreibt schlechte Gedanken, schenkt Heiterkeit, Mut und moralische Stärke.

Opal

Der Opal (Härte 5½–6½) ist eine Mischung aus Kieselsäure und Wasser. Sein Farbenspiel entsteht durch Indifferenzen des Lichts. Er ist zumeist weißlich, kann jedoch bis zu Schwarz alle Farben annehmen. Die meisten Opale kommen aus Ungarn, schwarze Steine aus Australien und Mexiko.

Es gibt unter anderem den weißen und schwarzen Edelopal, den Feueropal (orange), den Wasseropal (bläulich), den Milchopal (weißlich-trüb), den Boulderopal und den Harlekinopal. Eine weitere Varietät ist der Hydrophan, bei dem es sich um ein mineralisches Chamäleon handelt. Im normalen Zustand ist der Stein undurchsichtig weiß oder rötlich-gelb. Taucht man ihn aber ins Wasser, saugt er sich voll und wird durchsichtig. Der Halbopal oder gemeine Opal ist ein fettig glänzender, gelblich-weißer, gelber, brauner oder grüner Opal ohne Farbenspiel.

Opale sind im Handel oft als Doublette, Triblette oder Matrixopal erhältlich. Bei der Doublette wird schwarzes oder graues Siliziummaterial, Onyx oder eine dünne Schicht gewöhnlichen Opals auf den Hintergrund geklebt, um den Stein dunkler und schöner zu gestalten. Bei der Triblette werden zusätzlich Quarzplättchen um das Opalplättchen gelegt, um den Stein vor Abschabungen zu schützen. Diese Art von dreilagigen Steinen können eine brillante Farbe aufweisen und somit die Schönheit des Opals erhöhen. Beim Matrixopal handelt es sich eigentlich um Matrix, das Opaladern aus Siliziumoxyd in sich birgt. Matrixopale zeigen im Allgemeinen ein kleinflächiges Farbenspiel. Beim Eintauchen in Zuckerlösung und anschließendem Brennen in Säure entsteht in den Poren Karbon, das einen dunklen Hintergrund verursacht. Opalimitationen bestehen aus gefärbtem Flitter in klarem Plastik oder Kunstharz. Sie haben also nichts mit Opalen gemein.

Der Opal reagiert sehr empfindlich auf Hitze und äußere Einflüsse. Er sollte daher nie mit Öl, Reinigungsmitteln oder anderen aggressiven Stoffen in Berührung kommen.

Früher galt der Opal oft als Unglücksstein und durfte an manchen Königshäusern wie England und Schweden und am russischen Zarenhof nicht getragen werden.

Der Opal vitalisiert und belebt. Er hilft bei Infektionen, Herzbeschwerden, bösartigen Tumoren, Augenleiden und Schlaflosigkeit. Er wirkt entgiftend und fiebersenkend. Er regt die Tätigkeit von Leber und Herz an und wirkt dadurch allgemein vitalisierend und belebend auf den Körper. Er verstärkt die positiven Eigenschaften seines Trägers und erleichtert die Wahrheitsfindung.

Der schwarze Opal ist ein hervorragender Trauerstein, da er es seinem Träger ermöglicht, seine Trauer zu leben und zu überwinden.

Der Feueropal aktiviert die Nebennieren und fördert damit die Adrenalinproduktion. Er regt die Geschlechtsorgane an und beugt Mangelerscheinungen vor. Er wirkt geistig belebend und bringt Lebensfreude und positives Denken.

Der grüne Opal wirkt entgiftend und regt die Leber- und Nierentätigkeit an. Er befreit von Angst und Schuldgefühlen und wirkt erfrischend auf den Geist und die Konzentrationsfähigkeit.

Perle

Die natürliche oder echte Perle (Härte 2½–4) ist ein »zoologisches Mineral«. Perlen sind Ausscheidungsprodukte von Muscheln und anderen Weichtieren. Gelangt ein Fremdkörper in deren Schale, sondern die Epithelzellen eine Substanz ab, die als Perlmutt bezeichnet wird und sich um den Eindringling schließt. Der Perlenhandel ist fast 4500 Jahre alt. Natürliche Perlen wachsen im Jahr etwa 0,09 mm. Die Zuchtperlen, die vor allem in Japan künstlich durch die »Impfung« einer Auster mit einem Körnchen Perlmutt erzeugt werden, wachsen etwa 0,15 mm im Jahr und sind weitaus weniger wertvoll. Die Farben der Perlen unterscheiden sich unter anderem nach den Fundorten: Indien (Zartrosa), Sri Lanka (Zartgelb), Panama (Goldgelb), Mexiko (Rotbraun), Japan (hell Grünlich), Australien (Weiß), Bahamas (hell Rosarot) und Kalifornien (Rosarot und Schwarz).

Neben den kugel- oder birnenförmigen Perlen sind auch die unregelmäßigen, so genannten Barockperlen sehr gefragt. Sie haben manchmal geradezu bizarre Formen, wie z. B. die eines kleinen Männchens oder Drachens. Diese Launen der Natur wurden von vielen alten Goldschmieden bewusst in ihre Arbeit einbezogen, in dem die Form der Perle durch Edelmetalleinfassungen unterstrichen und hervorgehoben wurde. Auf diese Weise schufen sie spezielle Schmuckstücke als Talismane oder Amulette. Perlen werden heute hauptsächlich zu Ringen, Ketten, Ohrringen, Broschen oder Anhängern verarbeitet. Die größte je gefundene Perle wog 450 Karat.

Perlen wirken reinigend und klärend auf den gesamten Organismus und gelten daher als lebensverlängernd. Sie helfen bei nervösen Krämpfen, Blutungen, Fieber, Depressionen, beheben Kalziummangel und stärken das Herz.

Perlen stehen für Reinheit, Ehrlichkeit, Geduld und

Demut. Sie unterstützen die Auseinandersetzung mit dem eigenen Wesen und vermitteln ein Gefühl der Geborgenheit.

Rubin

Der Rubin (Härte 9), der zu den Korunden zählt, besteht vor allem aus Aluminiumoxyd (Tonerde) und erhält seine Farbe durch Eisen- und Chromoxyd. Rote Rubine mit einem Stich ins Bläuliche kommen aus Birma, hellhimbeerrote und rote mit einem Stich ins Bräunliche aus Sri Lanka. Auch in Indien und Siam werden diese Steine gefunden und abgebaut. Der Rubin ist einer der seltensten Edelsteine und hat im Allgemeinen eine geringe Größe. Steine von 6 bis 9 Karat sind sehr selten. Der größte je gefundene Rubin wog 400 Karat und wurde in drei Stücke zerlegt. Ein indischer Fürst soll angeblich einen Stein von 1184 Karat besitzen.

Der Rubin hiflt bei Viruserkrankungen, Epidemien, Fieber, Gicht und Herzbeschwerden. Er stärkt die Sehkraft, das Gedächtnis und regt die Blutzirkulation an. Er wirkt blutreinigend, schmerzlindernd, unterstützt den Kreislauf und lindert Krämpfe.

Der Rubin symbolisiert die Harmonie der Liebe. Er schützt vor schlechten Einflüssen, verleiht Durchsetzungsvermögen, Furchtlosigkeit und Erfolg. Er hilft bei Angstzuständen und vertreibt Melancholie. Er wirkt allgemein stark belebend auf das Denken und Handeln,

gleicht jedoch Hyperaktivität und unüberlegtes »Drauf-
loshandeln« aus.

Der Rubin soll seine positiven Eigenschaften besonders
dann entfalten können, wenn er als Ring an der linken
Hand (Herzhand) getragen wird. Wichtig ist hierbei, dass
die Fassung so gestaltet ist, dass der Stein direkt die Haut
berühren kann.

Als Amulett getragen, soll er seine Farbe je nach Ge-
sundheitszustand seines Trägers verändern. Ebenso soll er
trübe werden, wenn Krankheit oder Unheil drohen.

Saphir

Der Saphir (Härte 9) zählt wie der Rubin zur Korund-
gruppe. Er besteht aus Aluminiumoxyd (Tonerde) und erhält seine Farbe durch Titanbeimischungen. Die Intensität
seiner blauen Farbe hängt von der Eisen-Titan-Verbin-
dung ab. Es gibt Farbvarianten von Aquamarinblau über
Bläulich-Grün, Smaragdblau, peridotfarbig, topasfarbig,
Rötlich-Gelb, hyazinthfarbig bis Amethystblau mit weite-
ren Zwischenstufen. Farblose Steine (Leukosaphire) sind
sehr selten. Besonders kostbar ist der orangefarbene Padparadscha, der fälschlicherweise auch »Königstopas« genannt wird. Der so genannte Indigosaphir ist eine Variante des Turmalin, beim Wassersaphir handelt es sich um
farblosen Topas, orientalischer Topas ist gelber Saphir,
orientalischer Smaragd ist grüner Saphir und orientalischer Amethyst ist violetter Saphir.

Kornblumenblaue Saphire kommen aus Siam, Birma und Kaschmir; hellere aus Sri Lanka und Steine mit einem Stich ins Grünliche aus Australien. Weitere Fundorte liegen in den USA. Die meisten erhältlichen blauen Saphire waren ursprünglich grünlich-grau oder farblos bis weiß und wurden durch Brennen bei weit über 1000 Grad C blau gefärbt. Sie sind sehr schwer von echten blauen Steinen zu unterscheiden.

In Ägypten und Rom wurde der Saphir als heiliger Stein der Wahrheit und Gerechtigkeit verehrt. Die Kardinäle und Bischöfe der christlichen Kirche tragen einen Ring mit Saphir.

Das indische Museum of Natural History besitzt einen Ceylonsaphir von 163 Karat und einen gelblichen Saphir von 100 Karat. Zwei weitere kostbare Saphire besitzt das amerikanische Museum für Naturkunde: den »Stern von Indien« (565 Karat) und den purpurnen »Midnight Star« (116 Karat). Einer der größten Saphire gehörte wahrscheinlich dem König von Ava (Birma); dieser Stein soll etwa 950 Karat gewogen haben. Das Britische Museum besitzt einen Saphir in Form einer Buddhastatue.

Der Saphir mildert Jähzorn, hilft bei Kopfschmerzen, Ausschlag, Schlaflosigkeit und Augenleiden. Er wirkt allgemein entspannend und schmerzlindernd auf den Organismus. Er hilft bei Nervosität, innerer Unruhe und Ohrenschmerzen. Er aktiviert den Glauben an die eigenen Kräfte und unterstützt damit die Selbstheilung.

Der Saphir unterstützt den Glauben an die eigenen

Fähigkeiten, hilft bei der Verwirklichung guter Ziele und
ist ein idealer Stein zur Meditation, da er die hellsichtigen
Fähigkeiten fördert.

Der weiße Saphir hilft bei Benommenheit und Kreislaufbeschwerden. Saphirwasser aus weißlichen und gel-
ben Steinen lindert als Kompresse aufgelegt Hautkrankheiten und Hautirritationen. Der orange Saphir vertreibt
Traurigkeit und steigert die Fruchtbarkeit. Der Indigosaphir vertreibt Schlaflosigkeit und Melancholie. Der
blaue Saphir hilft gegen negative Schwingungen und Energieblockaden.

Smaragd

Der kristallklare Smaragd (Härte 7½–8), der immer von
einer ansehnlichen Größe ist, gehört zur Gruppe der
Berylle und ist ein seltener und damit kostbarer Stein.
Seine grüne Farbe, mit allen Zwischentönen von lichtem
Hell- bis zartem, tiefem Grün, verdankt er Beimischungen
von Chromoxyd. Weniger wertvolle Steine sind gelb-
grün, grasgrün oder grün-grau. Die Kristalle sind eher
klein, obwohl schon Steine von 40 cm Länge gefunden
wurden. Größere Steine, die zu kunstgewerblichen Gegenständen wie Schälchen oder kleinen Dosen verarbeitet
wurden, haben bereits heute einen unschätzbaren Wert.
Smaragde werden in Kolumbien, Nordtransvaal, Indien
und im Ural gefunden.

Der Smaragd hat in den Geheimwissenschaften eine

große Bedeutung. Die berühmte magische Tafel des Hermes Trismegistos, auf der die Grundgesetze der Geheimwissenschaften niedergeschrieben sind, besteht aus einem riesigen Smaragd. Die Peruaner verehrten einen straußeneigroßen Stein als Gottheit.

Aber auch der Smaragd kann seine Lebensenergie zum Bösen wenden. So wurde er in der traditionellen Kunst des Mittelalters oft mit dem Teufel assoziiert. Ein solcher »Unglückssmaragd« ist z. B. in die Obhut der schwarzen Madonna von Atocha gegeben worden, und obwohl er dort der Öffentlichkeit frei zugänglich ist, wurde er noch nie gestohlen.

Der Smaragd hilft bei Magendruck, Diabetes und Blutungen. Er ist ein sehr wirksamer Stein bei Grippe, Fieber und Kopfschmerzen. Er hilft bei Gallenbeschwerden, Blähungen, Angina, Infektionen, Sehschwäche und wirkt stärkend auf Herz und Kreislauf. Smaragdcreme lindert Gicht und Rheuma. Hierzu trägt man sie großflächig auf die schmerzenden Stellen auf und bedeckt sie mit einem erwärmten Tuch. Smaragdwasser lindert als Kompresse aufgelegt Augenleiden und Sehschwäche und wirkt eingenommen belebend und nervenberuhigend.

Bei den Druiden war der Smaragd der Stein der Priesterinnen, da er das so genannte dritte Auge öffnet, also Weisheit und Intuition verleiht. Auch der Papst trägt einen Smaragdring.

Der Smaragd gilt als Stein der Hoffnung, fördert Aktivität, Energie, geistige Entwicklung und Widerstandskraft. Er hilft gegen Vergesslichkeit, schlechte Laune, Lernschwächen und emotionale Unausgeglichenheit. Seine grüne Farbe verbindet seinen Träger mit der Natur und dem eigenen Körper.

Spinell

Spinell (Härte 8) ist der Name der Edelsteingruppe, die aus Magnesiumaluminat besteht und ihre Farbe durch Beimischungen von Eisen, Mangan und Chrom erhält. Rein rosa oder rote Farben werden durch Chrom, rote mit einem Stich ins Gelbe oder Braune durch dreiwertiges Eisen und Steine mit einem Stich ins Violette oder Blaue durch zweiwertiges Eisen erzeugt. Weitere Farbvarianten sind Violett, Gelb, Grün und farblos. Die Fundorte für diese Steine liegen in Brasilien, Australien, Siam und Sri Lanka.

Rote Spinelle werden oft mit Rubinen verwechselt. Der so genannte Balas-Rubin ist kräftig rosa, der Rubinspinell karmesinrot und der Rubizell orangerot. Der Almandinspinell ist ein roter Stein mit Stich ins Blaue oder Violette, der Chlorospinell ist grün und der Chromspinell oder Picotit ist ein chromhaltiger schwarzer Spinell.

Einige Spinelle, die sich unter den britischen Kronjuwelen befinden, wurden früher irrtümlich für Rubine gehalten. Einer dieser Spinelle ist der 352 Karat schwere »Timur Ruby«. In Russland soll es angeblich einen Spinell von 400 Karat geben.

Der Spinell beruhigt und entspannt, hilft bei Angst, Nervosität und Aggressionen. Er erhöht die geistige Belastbarkeit und fördert das positive Denken.

Der rote Spinell regt den Fettstoffwechsel an und senkt den Cholesterinspiegel. Er lindert Diabetes und wirkt entzündungshemmend, indem er die Entgiftungsprozesse im Körper anregt. Er wirkt schmerzlindernd und reguliert den Energie- und Wärmehaushalt. Als Amulett getragen, wehrt der rote Spinell schlechte Einflüsse und alles Böse ab.

Blaue bis violette Spinelle fördern die Eisenaufnahme im Darm und stärken damit den Körper gegen Infektionen. Sie wirken belebend und anregend auf die inneren Organe und vertreiben Müdigkeit und Antriebslosigkeit. Der blaue Spinell hilft bei Angstzuständen, Verwirrung und Gereiztheit.

Topas

Der Topas (Härte 8) besteht aus Tonerdesilikat und erhält seine Farbe durch Beimischungen von Chrom (gelb) und zweiwertigem Eisen (blau). Sein Farbspektrum umfasst Gelb in allen Variationen, Dunkelbraun-Gelb mit einem Stich ins Rote, Rosa, Rot, Blassblau mit einem Stich ins Grüne und Braun. Braune oder gelbe Topase aus Brasilien können durch Brennen in rosafarbene, andere gelbe in farblose Steine umgefärbt werden. Blassblaue Topase können durch intensives Tages- oder Sonnenlicht blassgelb werden. Fundorte liegen in Brasilien, Sri Lanka, Russland, Japan, Australien, Nigeria, Simbabwe, in den USA, auf Madagaskar und im Erzgebirge. Ein Museum in London besitzt einen farblosen Topas von 1300 Karat. Der unter dem Namen »Branganza« bekannte Stein der portugiesischen Königskrone wiegt 1680 Karat. Bei der Namengebung sind einige Begriffsverwirrungen entstanden: Was »schottischer Topas« genannt wurde, ist gelber Quarz (Citrin), »orientalischer Topas« ist gelber Saphir, während farbloser Topas zu einem »Wassersaphir« geworden ist.

Der Topas kräftigt das Herz, lindert Kopfschmerzen, Nervosität, Gicht, Depressionen, Leberleiden und Schlaflosigkeit. Er fördert die Verdauung, stärkt die Wirbelsäule und lindert Blutungen. Der blaue Topas hilft speziell bei Krampfadern und Halsentzündungen.

Dieser Stein schenkt die Intuition und die Vorahnung von zukünftigen Ereignissen. Er begünstigt die sexuelle Leidenschaft, macht sanft, mild, gerecht, sinnlich und ist ein guter Stein für alle, die sich verbessern wollen. Er fördert die Selbstverwirklichung und die Fähigkeit, eigene Wünsche zu erkennen und zu verwirklichen. Er ermöglicht Offenheit gegenüber neuen Erfahrungen und lindert die Angst vor Fehlschlägen oder dem eigenen Versagen.

Türkis

Der Türkis (Härte 5–6) ist himmelblau mit Übergängen ins Graue oder Blau-Grüne. Er besteht aus Tonerdephosphat, seine farbgebenden Substanzen sind Kupfer und Eisen. Da der Türkis weicher und damit lebendiger als andere Steine ist, reagiert er sehr empfindlich auf chemische Substanzen, Säuren und Laugen. Man sollte ihn also immer, wenn man mit aggressiven Substanzen arbeitet, beiseite legen. In Persien, Afghanistan, Tibet und Neumexiko gibt es neben Südafrika, China, Guatemala, Neusüdwales, Argentinien und den USA die größten Fundorte für Türkise.

Der Türkis gilt in vielen Kulturen als heiliger Stein. Die Ägypter kannten ihn schon vor Tausenden von Jahren, die Indianer tragen ihn mit der Koralle als Schmuck und Schutzamulett. Bei den Tibetern gilt er ebenfalls als magischer und Glück bringender Stein. Je älter der Stein ist und je länger er getragen wurde, umso wertvoller ist er. Er sollte immer ungefasst und an einer langen Kette um den Hals getragen werden.

Der Türkis gilt als machtvoller Schutzstein. Er hilft bei Nierenleiden (Kupfer), Wassersucht, Blasenschwäche, Anämie und Herzbeschwerden. Er stärkt die Lungen, Augen und Schleimhäute. Er vertreibt Blässe und hilft bei allen Entzündungen der Atemwege. Er reguliert die Übersäuerung des Körpers und lindert Gicht, Rheuma und Magenbeschwerden. Allgemein wirkt er entspannend, krampflösend und entzündungshemmend.

Der Türkis symbolisiert Reinheit der Gedanken, Naturverbundenheit und fördert die Kreativität. Er stärkt die Inspiration, Intuition, Aufrichtigkeit und gilt als Schutzstein für die Aura, gegen negative Schwingungen und schwarze Magie. Dem Türkis sagt man die Eigenschaft nach, seinem Träger Krankheit und Unheil anzukündigen, indem sich seine Farbe plötzlich in ein schmutziges Grau verändert.

Turmalin

Der Turmalin (Härte 6½–7½) besteht aus einem Silikat von Bortonerde und hat einen charakteristischen Borsäuregehalt. Nachzuweisen sind auch Fluorit, Wassertropfen, Natrium, Kalium, Lithium, Kalzium, Magnesium, Titan, Eisen und Mangan. Farbgebend sind vor allem Chrom, Nickel, Kobalt, Eisen, Mangan, Lithium und Titan. Das Farbenspektrum des Turmalin übertrifft alle anderen Edelsteine. Es reicht von farblos (Achroit) über Grün in allen Variationen bis zu Rot (Rubellit), Rosa, Rubinrot, Hellblau bis Indigoblau (Indigolith) bis Schwarzblau (Schörl). Oft haben beide Enden des Steins verschiedene Farben. Der so genannte Mohrenkopf aus Elba ist z. B. an einem Ende blassgelb bis grün und am anderen schwarz, der so genannte Türkenkopf aus Brasilien rot und grün. Fundorte liegen in Brasilien, Südafrika, Sibirien, Birma, Sri Lanka, Bengalen, Siam, Kaschmir, Australien, Ostafrika, Angola, auf Madagaskar und Elba sowie in den USA.

Wenn man den Stein erhitzt, lädt er sich elektromagnetisch auf und kann leicht Körper wie Staubflocken, Papierschnitzel und Ascheteile anziehen. Diesen Vorgang der Aufladung nennt man Pyroelektrizität. Auf Grund derselben Eigenschaft soll er im Dunkeln leuchten und hat die Fähigkeit Licht zu polarisieren.

Der Turmalin fördert die Konzentration, beruhigt die Nerven, lindert Infektionen und Blutvergiftungen. Er verstärkt allgemein die okkulten Fähigkeiten seines Trägers.

Der grüne Turmalin hilft bei niedrigem Blutdruck, Erkältungen, Geschwüren, Infektionen, Kopfschmerzen und Muskelschwäche. Der schwarze Turmalin beseitigt Chakrablockaden, Unsicherheit, Eifersucht, Ärger und Besessenheit. Er schützt vor negativen Schwingungen und schwarzer Magie. Der rosa Turmalin hilft bei Neurosen und Gedächtnisschwäche. Der hellblaue Turmalin lindert Hals- und Kehlkopfentzündungen, der weiße Turmalin vertreibt Kopfschmerzen.

Zirkon

Der Zirkon (Härte 6½–7½) besteht aus Kieselsäure mit Beimischungen von Hafnium, Thorium und Uran und kann ganz unterschiedliche Färbungen aufweisen. Das Farbenspektrum reicht von farblos (reine Substanz) über Braun bis Rot-Braun (Hyazinth aus Indochina und Thailand), Rot, Gelb, Grün bis Blau. Beschießt man farblose, gebrannte Zirkone mit Radium, entsteht eine Amethystfarbe, die jedoch nicht lichtbeständig ist. Braune Steine kann man durch Brennen mit Kohlenoxyd oder Wasserstoff blau färben. In Sri Lanka, Australien, Thailand und Indochina werden Zirkone gefunden und abgebaut.

Der Zirkon wirkt herzstärkend, lindert Allergien, nervöse Erschöpfung, Verkrampfungen und Lungenbeschwerden. Er reguliert Überfunktionen der Bauchspeicheldrüse, hilft bei Hautausschlag, Heuschnupfen, Leber- und Nierenschwäche.

Der Zirkon symbolisiert Frieden, Harmonie, Klarheit und schenkt die Fähigkeit zuzuhören. Er kräftigt die Aura, vertreibt Halluzinationen, lindert geistige und körperliche Trägheit und erhöht dadurch die Flexibilität.

Dieser Stein eignet sich besonders für Chakrabehandlungen. Er soll generell nur kurz aufgelegt werden. Nur bei starken und über Tage anhaltenden Schmerzen sollte man ihn über einen längeren Zeitraum tragen.

Die Wirkungen der Edelsteine im Überblick

— ◇ —

Aktivität, Steigerung der . . . . gelber Jaspis, Smaragd
Anämie . . . . Granat, rote Koralle,
Türkis
Angina . . . . Bernstein, Smaragd
Angst . . . . Achat, Amethyst, Chrysolith, Diamant, Rubin, blauer Spinell
Ansteckung . . . . Granat
Arthritis . . . . Granat
Asthma . . . . Bernstein, Katzenauge, Malachit
Atemwege . . . . Aquamarin, Magnetit, blauer Topas, Türkis
Augenleiden . . . . Achat, Aquamarin, Bergkristall, Bernstein, Jade, Katzenauge, Lapislazuli, Malachit, Obsidian, Onyx, Opal, Rubin, Saphir, Smaragd, Türkis
Aura, Schutz der . . . . Diamant, Türkis, Zirkon

Ausdauer, Steigerung der . . . Aventurin
Ausdruck, sprachlicher . . . . . Achat, Chalcedon
Ausgeglichenheit . . . . Aventurin
Bauchspeicheldrüse . . . . Onyx, Zirkon
Belebung, allgemeine . . . . . . Opal, Smaragd
Blähungen . . . . grüner Granat, Smaragd
Blasenbeschwerden . . . . Hämatit, Jade, Türkis
Blutbildung, Anregung der . . Hämatit, Jaspis, Onyx
Blutdruck, Regulierung . . . . . Jade, Lapislazuli, grüner
                                  Turmalin
Blutkrankheiten . . . . Amethyst, Lapislazuli
Blutreinigung . . . . Karneol, Magnetit,
                                  Rubin, Turmalin
Blutungen, Stillen von . . . . . . Achat, Bergkristall,
                                  Chalcedon, Jaspis,
                                  Sarder, Perle, Smaragd,
                                  Topas
Blutzirkulation . . . . Rubin
Brandwunden, Kühlung von . Amethyst
Bronchitis . . . . Bernstein
Chakrablockaden . . . . Bergkristall, Malachit,
                                  Obsidian, blauer Saphir,
                                  schwarzer Turmalin
Darmbeschwerden . . . . Chrysolith, Jaspis,
                                  Katzenauge
Demut . . . . Amethyst, Perle
Depressionen . . . . Chalcedon, Granat, rote
                                  Koralle, Lapislazuli,

Opal, Perle, Spinell,
Topas

Diabetes . . . . Smaragd

Drüsenschwellung . . . . Aquamarin, Diamant

Durchblutung . . . . Karneol, rote Koralle

Durchfall . . . . Bergkristall, Jaspis,
Magnetit

Eisenmangel . . . . Hämatit, Jaspis

Eiterung . . . . Onyx

Emotionen, Ausgleich von . . Aquamarin, Aventurin,
Chalcedon, Chrysolith,
weiße Koralle, Malachit,
Mondstein, Smaragd

Entschlackung . . . . rote Koralle

Entzündungen . . . . weißer Achat, Berg-
kristall, Chrysolith,
Lapislazuli, Malachit,
Spinell

Epidemien . . . . Rubin

Erbrechen . . . . Lapislazuli

Erkältung . . . . grüner Turmalin

Erkenntnis, Förderung der . . Bergkristall

Expansion . . . . gelber Jaspis

Feingefühl . . . . Achat

Fieber . . . . Achat, Bernstein, Chalcedon, Diamant, Magnetit,
Perle, Rubin, Smaragd

Flexibilität, Steigerung der . . rosa Koralle, Zirkon

Fortpflanzungsorgane ...... Achat, Granat, Jaspis

Freundschaft, Festigung von . Achat, Amethyst, Granat,
Magnetit

Frieden .... Aquamarin, Zirkon

Fruchtbarkeit .... Padparadscha

Gallenbeschwerden .... Bernstein, Jaspis,
Smaragd

Geduld .... Aventurin, gelber Jaspis,
Perle

Gefahr, Schutz vor .... Granat

Gehör .... Jaspis, Katzenauge

Gelbsucht .... Diamant, Lapislazuli

Gelenkentzündung .... Granat

Geruchssinn .... Jaspis

Geschwür .... grüner Turmalin

Gicht .... Jade, Jaspis, Rubin,
Smaragd, Topas

Glück .... Aquamarin, Bergkristall,
Karneol

Grippe .... Smaragd

Gürtelrose .... Bernstein

Halluzinationen .... Zirkon

Halsbeschwerden .... Aquamarin, Chalcedon,
hellblauer Turmalin

Harmonie .... Bergkristall, Diamant,
Jade, rote Koralle,
Mondstein, Rubin,
Spinell, Zirkon

Harnwegsbeschwerden . . . . . Bernstein, Jade

Hautprobleme . . . . Achat, Amethyst, Aquamarin, Aventurin, Bern-
stein, Granat, Lapislazuli,
gelber Saphir, Zirkon

Hellsichtigkeit . . . . Amethyst, Mondstein

Herpes . . . . Lapislazuli

Herzbeschwerden . . . . Achat, Aventurin, Berg-
kristall, grüner Granat,
Hämatit, Jade, rote
Koralle, Malachit, Onyx,
Opal, Perle, Rubin,
Smaragd, Topas, Türkis,
Zirkon

Heuschnupfen . . . . Zirkon

Hexenschuss . . . . Magnetit

Hoffnung . . . . Aquamarin, Malachit,
Smaragd

Hormonstörungen . . . . Mondstein

Hysterie . . . . Amethyst

Idealismus . . . . Aventurin, gelber Jaspis,
Lapislazuli, Spinell

Illusionen . . . . Chalcedon

Infektionen . . . . Achat, Bernstein, Opal,
Smaragd, Turmalin

Inspiration . . . . Lapislazuli, Türkis

Intuition . . . . Bergkristall, Granat,
Smaragd, Türkis

Jährzorn . . . . Chalcedon, Saphir

Juckreiz . . . . Malachit

Kalziummangel . . . . Perle

Kehlkopfbeschwerden . . . . . Chalcedon, Lapislazuli,
hellblauer Turmalin

Klarheit . . . . Amethyst, roter Jaspis,
Zirkon

Knochenaufbau . . . . weiße Koralle, Onyx

Knochenbruch . . . . Magnetit

Kolik . . . . Jade

Konzentration . . . . Karneol, Malachit,
Obsidian, Onyx,
Turmalin

Kopfschmerzen/Migräne . . . . Achat, Amethyst, Jade,
Lapislazuli, Saphir,
Smaragd, Topas, grüner
Turmalin, weißer
Turmalin

Kraft . . . . Bernstein

Krampf . . . . Jaspis, Malachit, Perle,
Rubin

Krampfadern . . . . blauer Topas

Kreativität . . . . Amethyst, Bergkristall,
Karneol, Türkis

Kreislaufbeschwerden . . . . . . Granat, Karneol, rote
Koralle, Rubin, Sarder,
Smaragd

Lampenfieber . . . . Jaspis

Leberbeschwerden .... Aquamarin, Bernstein,
Diamant, Jade, Karneol,
Magnetit, Topas, Zirkon

Leidenschaft .... roter Granat

Leistungsfähigkeit .... Karneol

Liebe .... Aquamarin, Diamant,
roter Granat, Hämatit,
Magnetit, Rubin

Lungenleiden .... Magnetit, Türkis, Zirkon

Magenbeschwerden .... Aquamarin, Chrysolith,
Jade, Smaragd

Magie, Schutz vor .... Amethyst, Chrysolith,
Diamant, Türkis,
schwarzer Turmalin

Mandelentzündung .... Bernstein

Mangelerscheinungen ...... rote Koralle

Meditation .... Amethyst, Bergkristall,
Bernstein, Diamant, Jade,
Lapislazuli, Malachit,
Saphir

Melancholie .... Chalcedon, Chrysolith,
Koralle, Indigosaphir,
Lapislazuli, Rubin

Menschlichkeit .... Amethyst

Menstruationsstörungen .... Hämatit, rote Koralle,
Malachit, Mondstein

Milchbildung .... weißer Achat, Chalcedon

Milzbescherden .... Hämatit, Malachit

Minderwertigkeitskomplexe . Jaspis
Muskelschwäche .... grüner Turmalin
Nackenverspannung .... Magnetit
Nervosität .... Chalcedon, Lapislazuli,
                         Saphir, Topas
Neuralgie/Nervenleiden .... Amethyst, Karneol,
                         Lapislazuli, Magnetit,
                         Smaragd, Turmalin
Neurosen .... rosa Turmalin
Nierenleiden .... Diamant, Hämatit, Jade,
                         Mondstein, Türkis,
                         Zirkon
Ohrenschmerzen .... Bernstein, Jaspis, Onyx,
                         Saphir
Problemlösung .... Amethyst, Bergkristall
Rachitis .... weiße Koralle
Reinheit .... Aquamarin, Bergkristall,
                         Perle, Türkis
Rheuma .... Granat, Karneol,
                         Magnetit, Smaragd
Rückenschmerzen .... Hämatit, Magnetit
Ruhe, innere .... Aventurin, Bernstein
Schilddrüse .... Bergkristall ʃ
Schlafstörungen .... Amethyst, Aquamarin,
                         Bergkristall, Hämatit,
                         Jade, Jaspis, Opal,
                         Indigosaphir, Topas
Schleimhäute .... Türkis

Schmerzen . . . . Magnetit, Rubin, Saphir

Schüchternheit . . . . Jaspis

Schwangerschaft . . . . weißer Achat, Aetit

Schwangerschaftsverhütung . Bernstein

Schwellungen . . . . Lapislazuli

Schwindelgefühl . . . . Bergkristall

Schwingungen, negative . . . . Achat, blauer Saphir

Selbsterkenntnis . . . . Katzenauge

Selbstlosigkeit . . . . Aquamarin

Selbstvertrauen . . . . Diamant, Jaspis, Saphir,
schwarzer Turmalin

Sensibilität . . . . Mondstein

Spiritualität . . . . Amethyst, Malachit

Temperament . . . . Chalcedon

Toleranz . . . . Aquamarin, Aventurin

Trägheit . . . . Karneol, Zirkon

Treue . . . . Diamant

Tumor . . . . Opal

Übelkeit . . . . Jaspis

Unausgeglichenheit . . . . Achat

Urteilskraft . . . . Koralle

Verdauung . . . . Karneol, Topas

Vergiftung . . . . Jaspis

Verständnis . . . . Aquamarin, Malachit

Verstopfung . . . . Chrysolith, Jaspis

Viruserkrankungen . . . . Rubin

Vitalisierung . . . . Opal

Vorstellungskraft . . . . Bergkristall, Mondstein

Wachstum . . . . Hämatit, Malachit,
Mondstein
Wahnvorstellungen . . . . Chalcedon
Wahrheitssuche . . . . Achat, Opal
Wahrsagen . . . . Bergkristall
Wassersucht . . . . Magnetit, Mondstein,
Türkis
Weisheit . . . . Bernstein, roter Jaspis,
Smaragd
Wohlbefinden . . . . Bernstein
Wunden . . . . Magnetit
Zähne . . . . weiße Koralle
Zahnschmerzen . . . . weißer Achat, Aquamarin
Zauber, Schutz vor . . . . Amethyst, Chrysolith,
Türkis
Zellfunktionen . . . . Magnetit, Mondstein
Zuneigung . . . . Achat

Literatur

— ◊ —

Harish Johari, Die sanfte Kraft der edlen Steine, Aitrang 1990

Wabun Wind/Anderson Reed, Die Macht der heiligen Steine, München 1989

Ursula Markham, Die universelle Kraft der Edelsteine und Kristalle, München 1990

Ursula Klinger-Raatz, Die Geheimnisse edler Steine, Aitrang 1991

Shalila Sharamon/Bode J. Baginski, Edelsteine und Sternzeichen, Durlach 1989

Magda Palmer, Die verborgene Kraft der Kristalle und der Edelsteine, München 1988

Agatha Laroche, Die persönliche Magie der Schmucksteine, Bad Münstereifel 1989

Dr. Gottfried Hertzke/Dr. Wighard Strehlow, Die Edelsteinmedizin der heiligen Hildegard, Freiburg 1990

Hedy Brusius, Die Magie der Edelsteine, München 1988

William B. Crow, Die Magie der Edelsteine, Basel 1986

Korra Deaver, Die Geheimnisse des Bergkristalls, Durlach 1989

Walter Schumann, Der neue BLV Steine- und Mineralien-
führer, München [5]1997

A. Korte/H. Hofmann, Orchideen, Edelsteine und ihre
heilenden Energien, Freiburg 1992

Heilkräfte der Natur, Stuttgart 1993

Sandra, Hexenrituale, München 1992

Rupert Hochleitner, Edelsteine, GU Kompass, München
1992

Rupert Hochleitner, Mineralien und Kristalle, GU Natur-
führer, München 1991

Greg Nelson/Joseph Polansky, Die Magie des Pendels,
München 1990

Paul Elling, Die Kunst des Pendels, Rastatt 1989

Georg Kirchner, Pendel und Wünschelrute, München
1987

Zsuzsanna Budapest, Herrin der Dunkelheit – Königin
des Lichts, Freiburg 1987

Bettina Tegtmeier, Orakel, München 1990

Andrew Clark, Minerale erkennen, Stuttgart 1979

Christian Rätsch/Andreas Guhr, Lexikon der Zauber-
steine, Wiesbaden 1992

GANZHEITLICH HEILEN
GOLDMANN

Heilung durch feinstoffliche Energie

Klausbernd Vollmar,
Chakra-Arbeit   13994

Lea Sanders,
Die Farben deiner Aura   13792

Ingrid Kraaz,
Die Farben deiner Seele   13767

Maria R. Omaggio, Heilen durch
feinstoffliche Energien   14171

Goldmann • Der Taschenbuch-Verlag

GOLDMANN

Chinesische Wege der Heilung

Monika Wagner-Koch,
Akupunktur   14121

Gail Reichstein, Gesundheit durch
die fünf Elemente   14153

Derek Walters,
Feng Shui   12267

Terah Kathryn Collins,
Feng Shui im Westen   14152

Goldmann • Der Taschenbuch-Verlag

GANZHEITLICH HEILEN
GOLDMANN

Heilende Energien

Barbara Ann Brennan,
Licht-Arbeit · 14151

Leila Parker, Das Praxisbuch
der Kinesiologie · 13934

Sahu Set-Sayd, Energie-Aktivierung
und -Reinigung · 14146

Bradford Keeney,
Autokinetik · 14149

Goldmann • Der Taschenbuch-Verlag